AF360939

REGLEMENT

Concernant la Procedure que Sa Majesté veut estre observée en son Conseil.

Du 28. Juin 1738.

LE ROY s'estant fait representer les Reglemens generaux faits en 1660. 1673. & 1687. & autres reglemens particuliers donnez en consequence, au sujet des procedures qui doivent estre faites en son Conseil, pour l'instruction & le jugement des affaires qui y sont portées, Sa Majesté auroit jugé à propos de réünir dans un seul reglement general, tout ce qui luy a paru devoir estre conservé dans les dispositions des reglemens precedens, & tout ce qu'Elle a cru devoir y adjouster, pour rendre la forme de proceder plus simple ou plus facile, & l'expedition des affaires plus prompte & moins onereuse à ses Sujets; à quoy voulant pourvoir, SA MAJESTÉ ESTANT EN SON CONSEIL, a ordonné & ordonne ce qui suit.

A

PREMIERE PARTIE.

De la maniere d'introduire les differentes especes d'affaires qui sont portées au Conseil, & des regles qui sont propres à chacune desdites affaires.

TITRE PREMIER.

Des E'vocations sur parentez & alliances, & des reglemens de Juges en matieres civile & criminelle.

ARTICLE PREMIER.

LES instances d'évocation sur parentez & alliances, seront introduites au Conseil par une simple assignation donnée en vertu de la cedule évocatoire, sans qu'il soit besoin de lettres ni d'arrests; le tout ainsi qu'il est porté par les articles LIII. & LIV. de l'Ordonnance du mois d'aoust 1737. au Titre des E'vocations.

I I.

LES demandes en évocation du chef de l'officier qu'on prétendroit avoir fait son fait propre de l'affaire des parties, ne pourront néantmoins estre introduites qu'en vertu d'arrest du Conseil : & seront observées à cet égard les dispositions des articles LXIX. LXX. & LXXI. du mesme Titre de ladite ordonnance.

I I I.

LES instances en reglement de juges, en matiere civile ou criminelle, ne pourront estre introduites que par lettres du grand sceau, ou par arrest du Conseil, ainsi qu'il est prescrit par les articles I. & XIX. du Titre des reglemens de juges en matiere civile, & par l'article II. du Titre des reglemens de juges en matiere criminelle, de la mefme ordonnance.

TITRE II.

Des Oppofitions au Titre.

ARTICLE PREMIER.

LES avocats qui auront efté conftituez par les actes d'oppofition au titre, fuivant l'article XX. de la declaration du 29. avril 1738. feront tenus d'occuper fur toutes les conteftations qui pourront furvenir au fujet defdites oppofitions.

II.

LORSQUE le vendeur ou l'acquereur de l'office, ou autres parties intereffées à faire ceffer l'oppofition au titre, voudront fe pourvoir pour en demander la main-levée, fans attendre que les provifions dudit office foient prefentées au fceau, ils pourront lever un extrait de l'acte d'oppofition, & prefenter une requefte contenant leur demande en main-levée, & les moyens fur lefquels elle fera fondée.

III.

LE demandeur en main-levée remettra au Greffier du Confeil ladite requefte, à laquelle l'acte d'oppofition fera joint, avec une requefte feparée pour faire commettre un Rapporteur, lequel ne pourra eftre commis qu'après que ledit demandeur aura fait fignifier à l'avocat conftitué par l'acte d'oppofition, qu'il s'eft pourvû pour faire nommer un Rapporteur fur fa demande en main-levée de ladite oppofition.

IV.

LORSQUE le Rapporteur aura efté commis, le Greffier luy remettra l'ordonnance qui l'aura nommé, avec la requefte en main-levée de l'oppofition, pour eftre refponduë d'une ordonnance de foit communiqué à l'oppofant, au domicile

de l'avocat conftitué par l'acte d'oppofition, à l'effet d'y
fournir de refponfe dans les délais du reglement; après
quoy ladite inftance fera inftruite & jugée en la forme
prefcrite pour les inftances introduites par arreft de foit
communiqué.

<h2 style="text-align:center">V.</h2>

Lorsqu'il n'y aura point eu de Rapporteur commis,
dans le temps que l'acquereur de l'office prefentera fes provifions au fceau, il en fera nommé un fur le repli defdites
provifions, ce qui fera dénoncé dans huitaine à l'avocat de
l'oppofant, par un acte qui fera fignifié avec copie de l'oppofition, le tout à peine de nullité.

<h2 style="text-align:center">V I.</h2>

Le demandeur en main-levée remettra audit Rapporteur
fa requefte contenant ladite demande & les moyens fur
lefquels elle fera fondée, pour eftre ladite requefte refponduë,
& l'inftance inftruite & jugée ainfi qu'il eft porté par l'article IV. cy-deffus.

<h2 style="text-align:center">V I I.</h2>

En cas que l'avocat conftitué par l'acte d'oppofition, foit
décedé avant que la demande en main-levée ait efté formée,
elle ne pourra l'eftre que par une requefte en forme de vû
d'arreft, qui fera remife au fieur Rapporteur, s'il y en a un de
nommé, finon à un des fieurs Maiftres des Requeftes, pour
eftre, à fon rapport, ordonné par arreft, que ladite demande fera
communiquée à l'oppofant en fon domicile, pour y refpondre
dans les délais du reglement, faute de quoy il y fera fait
droit ainfi qu'il appartiendra.

<h2 style="text-align:center">V I I I.</h2>

L'acquereur qui voudra mettre fon vendeur ou fes
garants en caufe, fera tenu de former fa demande contre eux,
par une requefte en forme de vû d'arreft, fur laquelle il fera
rendu arreft de foit communiqué auxdites parties en leur
domicile, pour y refpondre dans les délais du reglement; &
faute par ledit acquereur d'avoir obtenu ledit arreft dans

quinzaine, à compter du jour de la fignification portée par les articles III. & V. cy-deffus, il ne fera plus reçû à les mettre en caufe au Confeil, fauf à exercer fon recours contre eux devant les juges qui en doivent connoiftre, après le jugement de l'inf-tance d'oppofition ; fi ce n'eft qu'en procedant au jugement de ladite inftance, il en ait efté autrement ordonné.

TITRE III.

Des demandes en rapport de Provifions, ou Lettres de juftice expediées en Chancellerie.

ARTICLE PREMIER.

CEUX qui voudront fe pourvoir en rapport de provifions, ou lettres de juftice expediées en Chancellerie, feront tenus d'obtenir à cet effet, des lettres du grand fceau, ou un arreft de foit communiqué aux parties intereffées.

II.

LESDITES demandes feront introduites en vertu defdites lettres ou arreft, par voye d'affignation, dans le premier cas, ou en faifant fignifier l'arreft, dans le fecond.

TITRE IV.

Des demandes en caffation d'Arrefts ou de Jugemens rendus en dernier reffort.

ARTICLE PREMIER.

LES demandes en caffation d'arrefts ou de jugemens rendus en dernier reffort, feront formées par une requefte en forme de vû d'arreft, qui contiendra les moyens de caffation.

II.

LADITE requefte fera fignée de l'avocat du demandeur, & en outre, de deux anciens avocats au Confeil, du nombre

6

de ceux qui feront fyndics en charge, ou des trente plus
anciens, finon ladite requefte ne pourra eftre reçûë; & à cet
effet le tableau du nom des avocats au Confeil, figné de leur
Greffier, fera remis tous les ans au greffe du Confeil & en
celuy des Requeftes de l'Hoftel.

I I I.

LES deux anciens avocats qui figneront ladite requefte,
feront tenus de fe faire reprefenter les preuves des faits fur
lefquels les moyens feront fondez, pour eftre en eftat de rendre
compte de leur avis, lorfqu'ils feront mandez à cet effet.

I V.

LE demandeur en caffation fera tenu de joindre à fa
requefte la copie qui luy aura efté fignifiée de l'arreft ou jugement en dernier reffort, ou une expedition en forme dudit
arreft ou jugement, s'ils ne luy ont pas efté fignifiez, finon,
la requefte ne pourra eftre reçûë.

V.

LE demandeur en caffation fera tenu de configner la
fomme de cent cinquante livres pour l'amende envers Sa Majefté, lorfqu'il s'agira d'un arreft ou jugement contradictoire,
& celle de foixante-quinze livres, s'il ne s'agit que d'un arreft
ou jugement par deffaut ou par forclufion; defquelles fommes
le Receveur des amendes fe chargera, fans droits ni frais: &
fera la quitance de confignation jointe à la requefte en caffation, finon, ladite requefte ne pourra eftre reçûë.

V I.

LES accufez qui auront efté décretez de prife de corps,
ne feront reçûs à demander la caffation des arrefts ou jugemens en dernier reffort, qui les auront décretez, ou d'autres
arrefts ou jugemens préparatoires ou interlocutoires, s'ils ne
font actuellement en eftat dans les prifons des juges qui auront rendu lefdits arrefts ou jugemens, ou dans celles du lieu
où fe tient le confeil: Et à l'égard de ceux qui fe pourvoiront en caffation contre des arrefts ou jugemens définitifs
rendus contre eux, ils ne pourront y eftre reçûs, qu'après s'eftre

mis en eſtat dans les priſons du lieu où ſe tient ledit conſeil, lorſque leſdits arreſts ou jugemens auront prononcé contre eux des peines afflictives ou infamantes ; & dans tous leſdits cas, l'acte de leur eſcroüe en bonne & dûë forme, ſera joint à la requeſte en caſſation, & viſé dans l'arreſt qui interviendra ſur icelle, à peine de nullité.

V I I.

LA requeſte en caſſation, avec l'arreſt ou jugement en dernier reſſort, & la quitance de conſignation de l'amende, ſera remiſe au Greffier du Conſeil, & le demandeur y joindra une requeſte pour faire commettre un Rapporteur en la forme ordinaire.

V I I I.

AUCUNE requeſte en caſſation ne pourra eſtre reçûë, ſi elle n'a eſté preſentée & le Rapporteur commis dans le délay qui ſera marqué par les articles ſuivans, & ce, ſoit en matiere civile ou criminelle.

I X.

LEDIT délay ſera d'un an pour l'egliſe, les hoſpitaux, les corps ou communautez eccleſiaſtiques, ſeculieres ou regulieres, & les corps ou communautez laïques ; & ce, à compter du jour de la ſignification de l'arreſt ou du jugement, au lieu ordinaire des benefices, aux bureaux des hoſpitaux, & aux ſyndics ou autres perſonnes chargées d'adminiſtrer les affaires des corps ou communautez.

X.

CELUY qui pendant l'année mentionnée dans l'article precedent, aura ſuccedé à un benefice, autrement néantmoins que par réſignation, aura un an pour ſe pourvoir en caſſation, à compter du jour de la ſignification qui luy ſera faite de l'arreſt ou du jugement, ainſi qu'il eſt porté par l'article precedent.

X I.

LE délay d'un an aura lieu, en outre, à l'égard de ceux qui ſeront abſents du royaume pour cauſe publique, à compter du jour de la ſignification de l'arreſt ou du jugement à leur dernier domicile.

8

X I I.

A l'égard des parties qui feront domiciliées dans les colonies françoises, le délay pour fe pourvoir en caffation contre les arrefts ou jugemens qui auront efté fignifiez à leur domicile dans lefdites colonies, fera d'un an pour celles qui demeureront dans l'eftenduë des refforts des Confeils fuperieurs des iſles de Saint-Domingue, de la Martinique, de la Gouadeloupe, de Canada, & de l'Iſle-royale; & de deux ans pour celles qui feront domiciliées dans l'eftenduë des refforts des Confeils fuperieurs de Pondichery, & des iſles de Bourbon & de France; fauf, en cas d'infuffiſance defdits délais, eu égard aux circonftances particulieres, à eftre lefdites parties relevées du laps de temps, ainfi qu'il appartiendra.

X I I I.

Et à l'égard de toutes autres perfonnes, mefme des Ecclefiaftiques, lorfqu'il ne s'agira point des droits de leurs benefices ou dignitez, ou de leurs fonctions ecclefiaftiques, le délay fera feulement de fix mois; à compter, pour les majeurs, du jour de la fignification de l'arreft ou du jugement à leur perfonne ou domicile, & à l'égard des mineurs, du jour de la fignification qui fera pareillement faite à leur perfonne ou domicile, depuis qu'ils auront atteint la majorité.

X I V.

Les héritiers, fucceffeurs, ou ayans caufe de ceux qui feront décedez dans les fix mois mentionnez dans l'article precedent, auront encore fix mois, à compter, pour ceux qui feront majeurs, du jour de la fignification de l'arreft ou du jugement, qui en fera faite à leur perfonne ou domicile, & s'ils font mineurs, du jour de la fignification qui fera pareillement faite à leur perfonne ou domicile, depuis qu'ils auront atteint la majorité.

X V.

Aucune requefte en caffation ne pourra eftre reçûë, fi elle n'eft prefentée dans les délais cy-deffus marquez, fuivant les differentes qualitez ou demeures des demandeurs, après lefquels délais,

délais, il ne pourra leur eftre accordé aucun relief de laps de temps, fi ce n'eft pour grandes & importantes confiderations, & fur une requefte feparée, fur laquelle il fera ftatué par arreft déliberé au Confeil, après qu'il en aura efté préalablement communiqué aux fieurs Commiffaires nommez pour l'examen des requeftes en caffation.

X V I.

NE feront comprifes dans les articles cy-deffus, les requeftes en caffation prefentées en matiere domaniale, foit par les Procureurs generaux de Sa Majefté, foit par les Infpecteurs generaux du domaine, ou auxquelles ils fe feront joints; & pourront lefdites requeftes eftre admifes fans eftre fignées de deux anciens avocats, fans confignation d'amende, & mefme au-delà du délay fixé par lefdits articles.

X V I I.

LA difpofition de l'article precedent aura lieu pareillement pour les requeftes en caffation prefentées par lefdits Procureurs generaux, contre les arrefts dans lefquels ils auroient efté parties, ou formé des requifitoires, pour l'intereft public.

X V I I I.

DANS les autres matieres où il ne s'agira que de foûtenir la jurifdiction ou les prérogatives de leurs compagnies, ou celles de leurs charges, lefdites requeftes pourront eftre pre-fentées fans eftre fignées d'anciens avocats, & fans confignation d'amende; mais ne pourront eftre admifes, fi elles n'ont efté données dans le délay d'un an, à compter du jour de la fignification qui aura efté faite defdits arrefts auxdits Procureurs generaux.

X I X.

LES requeftes en caffation des arrefts par lefquels l'appel des jugemens rendus par les Juges & Confuls, ou autres juges, auroit efté reçû dans les cas où lefdits jugemens ne font pas fujets à l'appel, pourront eftre prefentées fans confultation d'avocat & fans confignation d'amende : feront lefdites re-queftes remifes à un des fieurs Maiftres des Requeftes, fans

B

qu'il foit befoin de le faire commettre, pour y eftre ftatué à fon rapport, ainfi qu'il appartiendra, après en avoir communiqué aux fieurs Commiffaires nommez pour l'examen des demandes en caffation; & lorfqu'il y aura lieu de caffer lefdits arrefts, il fera ordonné en mefme temps, que les jugemens dont l'appel avoit efté reçû, feront executez, avec condamnation de defpens contre la partie qui l'avoit fait recevoir.

X X.

DANS tous les cas où il aura efté nommé un Rapporteur, l'ordonnance qui l'aura commis & la requefte en caffation luy feront remifes incontinent par le Greffier, avec les pieces qui y auront efté jointes.

X X I.

AUCUNE requefte en caffation ne pourra eftre portée au Confeil, fans avoir efté préalablement communiquée aux fieurs Commiffaires nommez en general pour l'examen des demandes en caffation, ou lorfqu'il s'agira du domaine, des aydes & gabelles, ou de matieres ecclefiaftiques, aux fieurs Commiffaires nommez pour l'examen defdites matieres: & feront lefdites requeftes rapportées au premier Confeil qui fera tenu après la communication auxdits fieurs Commiffaires, à l'effet de quoy Monfieur le Chancelier donnera la parole aux fieurs Rapporteurs defdites requeftes, par préference à tous autres.

X X I I.

TOUTE requefte en caffation qui n'aura pas efté communiquée aux fieurs Commiffaires nommez par l'article precedent, dans trois mois du jour que le Rapporteur aura efté commis, fera regardée comme non avenuë, & la fomme confignée pour l'amende fera acquife à Sa Majefté en vertu du prefent reglement, & fans qu'il foit befoin de rendre aucun arreft.

X X I I I.

LES requeftes en caffation d'arrefts du Confeil ou de jugemens en dernier reffort donnez par des Commiffaires choisis dans le Conseil, ou rendus aux Requestes de l'Hostel, feront communiquées au Rapporteur de l'inftance fur laquelle ledit arrest ou jugement aura esté rendu, & en cas que le jugement ait esté rendu à l'audience desdites Requestes de l'Hostel, à celuy qui y aura présidé, pour recevoir d'eux les éclairciffemens neceffaires fur les circonftances & les raifons qui auront donné lieu auxdits arrests ou jugemens, le tout avant que la requeste foit rapportée au Conseil.

XXIV.

En procedant au jugement des demandes en caffation formées contre des arrests du Conseil, on aura égard aux moyens de requeste civile, s'il y efchet; lefquels, audit cas feulement, pourront eftre propofez pour moyens de caffation, fans que les parties puiffent prendre la voye de la requeste civile contre lefdits arrests.

XXV.

En cas que, fur le rapport de la requeste en caffation, le demandeur fe trouve non-recevable ou mal fondé dans fa demande, il fera rendu arrest par lequel ledit demandeur fera débouté de fa demande, ou declaré non-recevable, s'il y efchet; & dans l'un & l'autre cas, il fera condamné par le mefme arrest, en l'amende de cent cinquante livres, ou de foixante-quinze livres, fuivant la diftinction portée par l'article V. cy-deffus.

XXVI.

Lorsque fur le rapport fait au Conseil, de la requeste en caffation, il aura esté jugé à propos de demander les motifs de l'arrest ou du jugement contre lequel ladite requeste fera prefentée, lefdits motifs feront envoyez au Greffe du Conseil par le Procureur general, ou par les juges qui auront rendu ledit arrest ou ledit jugement, fi c'eft le Procureur general mefme qui en demande la caffation; à quoy il fera fatisfait dans le délay qui aura esté prefcrit par l'arrest rendu au Conseil à cet effet, & ce, à compter du jour que ledit arrest aura esté fignifié; fauf, en cas de retardement, à y eftre pourvû ainfi qu'il appartiendra.

XXVII.

LES motifs feront envoyez cachetez, & remis en cet eftat au fieur Rapporteur de la requefte en caffation. Deffenfes font faites aux Greffiers du Confeil de les décacheter, & ce, fous telles peines qu'il appartiendra.

XXVIII.

LORSQUE le Confeil, foit en ordonnant l'envoy des motifs, ou après les avoir vûs, jugera que la demande en caffation merite d'eftre inftruite contradictoirement avec toutes les parties intereffées, l'arreft qui interviendra, ordonnera feulement que la requefte en caffation leur fera communiquée, pour y refpondre dans les délais du reglement, faute de quoy il y fera fait droit, ainfi qu'il appartiendra.

XXIX.

LES demandes en caffation, ni mefme les arrefts qui interviendront pour demander les motifs, ou pour ordonner que la requefte fera communiquée à la partie, ne pourront empefcher l'execution des arrefts ou jugemens en dernier reffort dont la caffation fera demandée; & ne feront données aucunes deffenfes ni furféance en aucun cas, fi ce n'eft par ordre exprès de Sa Majefté.

XXX.

DANS le cas porté par l'article XXVIII. cy-deffus, l'arreft par lequel il aura efté ordonné que la requefte en caffation fera communiquée à la partie qui a obtenu l'arreft ou jugement en dernier reffort, fera fignifié à fa perfonne ou domicile, & ce, dans trois mois au pluftard, à compter du jour dudit arreft; ou en cas que ladite partie foit domiciliée dans les colonies françoifes, dans les délais portez par l'article XII. cy-deffus; & faute par le demandeur en caffation de l'avoir fait fignifier dans ledit temps, il demeurera defchû de fa demande en caffation, fans qu'on puiffe y avoir égard dans la fuite, fous quelque prétexte que ce foit.

XXXI.

LORSQUE l'arreft ou le jugement dont on demandera la

caſſation, aura eſté rendu au Conſeil, ou par des Commiſſaires
duConſeil, les avocats qui auront occupé dans l'inſtance jugée
par ledit arreſt ou jugement, feront tenus d'occuper pareillement dans l'inſtance ſur la caſſation, en conſequence de l'arreſt
de ſoit communiqué; pourvû néantmoins que ledit arreſt de
ſoit communiqué, ait eſté ſignifié dans les délais portez par
l'article precedent.

XXXII.

IL ne pourra eſtre donné aucune requeſte ni memoire pour
reſpondre aux demandes en caſſation, lorſqu'il n'y aura pas eu
d'arreſt de ſoit communiqué, ou que, s'il y en a eu, il n'aura
pas eſté ſignifié. Deffenſes ſont faites aux avocats de ſigner de
pareilles requeſtes ou memoires, ſous telles peines qu'il appartiendra : & ne pourront, en aucun cas, leſdites requeſtes en
caſſation eſtre communiquées avant ledit arreſt par les Greffiers
du Conſeil ou leurs commis, ou par les clercs des ſieurs Rapporteurs; ce qui ſera executé à peine de deux cens livres d'au-
moſne applicable à l'hoſpital general, ſauf à eſtre prononcé de
plus grandes peines, s'il y eſchet.

XXXIII.

LES requeſtes en caſſation qui feront preſentées incidemment à des inſtances pendantes au Conſeil, feront remiſes au
ſieur Rapporteur de l'inſtance à laquelle on prétendra que
leſdites requeſtes feront incidentes, lequel en communiquera
aux ſieurs Commiſſaires mentionnez en l'article XXI. cy-
deſſus, ſans qu'il ſoit beſoin de le faire commettre ſur icelles:
& feront au ſurplus obſervées les regles cy-deſſus preſcrites
pour les autres demandes en caſſation, ſans que leſdites requeſtes
puiſſent eſtre jointes à l'inſtance principale autrement que par
arreſt, & après qu'elles auront eſté préalablement communiquées auxdits ſieurs Commiſſaires, le tout à peine de nullité
& autres qu'il appartiendra.

XXXIV.

NE feront néantmoins compriſes dans la diſpoſition de
l'article precedent, les demandes en caſſation des procedures

ou arrefts attentatoires à l'authorité du Confeil, lefquelles feront formées & inftruites ainfi qu'il fera reglé cy-après au Titre des Incidens, fans eftre fujettes à aucunes des regles prefcrites par le prefent Titre pour les autres demandes en caffation.

X X X V.

LE demandeur en caffation qui fuccombera en fa demande, après un arreft de foit communiqué, fera condamné en trois cens livres d'amende envers Sa Majefté, & en cent cinquante livres envers la partie, fi l'arreft ou jugement dont la caffation eftoit demandée, a efté rendu contradictoirement; & en la moitié feulement defdites fommes, fi l'arreft ou le jugement a efté rendu par deffaut ou par forclufion, dans lefquelles fommes fera comprife celle qui aura efté confignée par le demandeur en caffation, fuivant l'article V. cy-deffus.

X X X V I.

L'AMENDE portée par l'article precedent, ne pourra eftre remife ni moderée, fous quelque pretexte que ce foit; mais elle pourra eftre augmentée, s'il eft ainfi ordonné, en ftatuant fur ladite demande en caffation.

X X X V I I.

L'AMENDE fera acquife de plein droit, quand mefme il auroit efté obmis d'y prononcer, & en quelques termes que l'arreft qui rejettera la demande en caffation, foit conçû; ce qui aura lieu pareillement dans le cas porté par l'article XXV. cy-deffus.

X X X V I I I.

LORSQUE le demandeur aura obtenu la caffation par luy demandée, l'amende confignée luy fera renduë fans aucun délay, en quelques termes que l'arreft qui aura égard à ladite demande, foit conçû, & quand mefme il auroit efté obmis d'ordonner que ladite amende feroit renduë.

X X X I X.

APRÈS qu'une demande en caffation d'un arreft ou jugement aura efté rejettée par arreft fur requefte ou contradictoire, la partie qui l'aura formée ne pourra plus fe pourvoir en caffation contre le mefme arreft ou jugement, encore qu'elle pretendît avoir de nouveaux moyens, ni pareillement contre l'arreſt qui aura rejetté ladite demande; ce qui ſera obſervé à peine de nullité, meſme ſous telle autre peine qu'il appartiendra, notamment contre les avocats qui, après avoir ſigné la premiere requeſte en caſſation, auroient auſſi ſigné la ſeconde.

X L.

Deffenses très-expreſſes ſont faites aux avocats, ſous telle peine qu'il appartiendra, meſme d'interdiction s'il y eſchet, de faire aucunes procedures pour introduire au Conſeil des demandes en caſſation d'arreſts ou jugemens en dernier reſſort, par autres voyes & en autres formes que celles qui ſont eſtablies par les diſpoſitions du preſent titre; ce qui aura lieu, meſme dans le cas où la requeſte en caſſation ayant eſté d'abord rapportée à Sa Majeſté, Elle auroit ordonné qu'il y ſeroit pourvû en ſon Conſeil.

TITRE V.

Des Demandes en caſſation des jugemens de competence rendus en faveur des Prevoſts des Mareſchaux, ou des Sieges Preſidiaux.

Article Premier.

Les requeſtes en caſſation des jugemens de competence & des autres procedures faites en conſequence, ſeront ſignées ſeulement de l'avocat de la partie qui preſentera ladite requeſte, ſans qu'il ſoit neceſſaire qu'elle ſoit ſignée de deux anciens avocats au Conſeil, comme auſſi ſans conſignation d'amende, à laquelle le demandeur ne ſera point condamné, quand meſme ſa requeſte ſeroit rejettée.

I I.

Les accuſez qui ſe pourvoiront en caſſation contre des jugemens de competence, & des procedures faites en conſe-quence, ne pourront y eſtre admis, ſi le jugement a eſté rendu par deffaut contre eux, fauf à fe reprefenter, pour purger la contumace, auquel cas, ou s'ils font arreftez dans la fuite, il fera procedé de nouveau au jugement de competence fuivant l'Edit du mois de decembre 1680. contre lequel jugement feul lefdits accufez pourront fe pourvoir en caffation, s'il y efchet.

I I I.

NE pourra pareillement aucune requefte en caffation eftre admife, fi l'accufé n'eft actuellement prifonnier dans les prifons des Prevofts des Marefchaux, ou des Prefidiaux, ou autres Sieges où le procès criminel fera pendant : & fera tenu ledit accufé de rapporter & joindre à fa requefte fon efcroüe en bonne forme, attefté par le juge ordinaire du lieu où il fera détenu, & fignifié au Procureur du Roy en la Marefchauffée, ou au Siege prefidial dont la competence fera attaquée, mefme à la partie civile, fi aucune y a, ou à fon procureur ; & fera fait mention dudit efcroüe dans l'arreft qui ordonnera l'apport des charges & informations, à peine de nullité.

I V.

SERONT tenus les accufez de joindre à leur requefte les copies qui leur auront efté fignifiées des jugemens de competence dont ils demanderont la caffation.

V.

LA requefte en caffation avec l'efcroüe de l'accufé & la copie à luy fignifiée du jugement de competence, feront remifes entre les mains de l'un des fieurs Maiftres des Requeftes, du nombre de ceux qui auront efté nommez, à cet effet, chaque année par Monfieur le Chancelier, fans qu'il foit neceffaire d'en commettre un dans la forme ordinaire, fur chaque requefte particuliere.

V I.

SUR le rapport qui en fera fait par ledit fieur Maiftre des Requeftes, il fera rendu arreft, portant qu'avant faire droit, les charges & informations, & autres procedures faites par les

Prevofts

Prevofts des Marefchaux, ou par les Prefidiaux, mefme par d'autres Juges, concernant la mefme accufation, feront apportées au Greffe du Confeil, & ce, dans le délay qui fera prefcrit par lefdits arrefts.

V I I.

LESDITS arrefts porteront que la fignification, qui en fera faite, ne pourra empefcher que la procedure ne foit continuée jufqu'à jugement définitif exclufivement, par le juge qui aura efté declaré competent par la fentence dont on demandera la caffation.

V I I I.

LESDITS arrefts feront fignifiez au Procureur du Roy en la marefchauffée, ou au fiege prefidial dont la competence fera conteftée, en mefme temps qu'au Greffier, à qui il fera fait commandement d'apporter ou d'envoyer les charges & procedures, fans néantmoins qu'il foit donné à ce fujet aucune affignation audit Procureur du Roy : & lefdites fignifications feront faites dans le mefme délay que celuy qui aura efté prefcrit pour l'apport defdites charges & procedures; faute de quoy les deffenfes de paffer outre au jugement définitif, feront levées de plein droit, fans qu'il foit befoin d'un autre arreft.

I X.

APRÈS que les charges & procedures auront efté apportées au Greffe du Confeil, elles feront communiquées avec la requefte en caffation, à celuy des fieurs Maiftres des Requeftes qui aura efté commis par Sa Majefté pour deffendre comme Procureur general, aux demandes en caffation, au lieu & place defdits Procureurs du Roy aux marefchauffées ou fieges prefidiaux, à l'effet de prendre telles conclufions, & faire telles requifitions qu'il jugera à propos.

X.

S'IL y a une partie civile, il fera ordonné par ledit arreft, que la requefte en caffation luy fera communiquée, pour y refpondre dans le délay qui fera fixé par le mefme arreft.

C

X I.

L ES Procureurs du Roy dans les marefchauffées ou fieges prefidiaux, feront tenus, à peine d'interdiction, d'informer ledit fieur Procureur general, de tous les jugemens de competence qui feront intervenus fur leurs pourfuites, auffi-toft que lefdits jugemens auront efté rendus, & luy envoyeront en mefme temps un memoire contenant les raifons qui peuvent fervir à faire confirmer lefdits jugemens, en cas qu'ils foient attaquez.

X I I.

S I le demandeur en caffation croit devoir adjoufter de nouveaux moyens à ceux qu'il aura propofez par fa requefte, il ne pourra le faire que par de fimples memoires, fans aucune autre forme d'inftruction; & lorfqu'il aura des pieces à y joindre, il les fera remettre au Greffe du Confeil, ou le fieur Rapporteur s'en chargera; pour, après que le tout aura efté communiqué audit fieur Procureur general, eftre ftatué par le Confeil fur la demande en caffation, ainfi qu'il appartiendra.

X I I I.

S'IL y a lieu de caffer le jugement de competence, le procès fera renvoyé pardevant le juge auquel la connoiffance du crime doit appartenir fuivant les regles eftablies par les Ordonnances, pour y eftre inftruit & jugé, à la charge de l'appel au Parlement du reffort; fi ce n'eft que, foit par la nature du crime, ou pour caufe de fufpicion & autres raifons de droit ou de fait, il ne foit jugé à propos d'ordonner que ledit procès fera pourfuivi & jugé dans un autre fiege royal prochain, à la charge pareillement de l'appel au mefme Parlement.

X I V.

LORSQUE le cas fera reconnu prevoftal ou prefidial, & que cependant il fe trouvera des deffauts dans les procedures faites par le Prevoft des Marefchaux, ou au Prefidial, qui donneront lieu de les declarer nulles, le procès fera renvoyé pardevant tel autre Prevoft des Marefchaux, ou tel autre Prefidial qu'il appartiendra, pour y eſtre inſtruit & jugé en dernier reſſort.

X V.

Les arreſts par leſquels les jugemens de competence auront eſté caſſez & annullez, feront delivrez en la maniere accoûtumée, à l'avocat de celuy qui les aura obtenus; & à l'égard de ceux par leſquels l'execution deſdits jugemens aura eſté ordonnée, ils feront delivrez audit ſieur Procureur general, pour eſtre par luy inceſſamment envoyez au Procureur du Roy en la mareſchauſſée ou au ſiege preſidial, dont la competence aura eſté confirmée.

X V I.

Et en ce qui concerne les demandes en caſſation qui pourront eſtre formées contre les jugemens rendus en dernier reſſort par les Prevoſts des Mareſchaux, ou par les juges preſidiaux, autres néantmoins que les jugemens de competence, les demandeurs feront tenus de ſuivre les regles & formes preſcrites par le Titre iv. cy-deſſus, pour les autres demandes en caſſation.

TITRE VI.

Des demandes en contrarieté d'Arreſts, autres que celles dont la connoiſſance eſt attribuée au Grand-Conſeil.

ARTICLE PREMIER.

Lorsqu'une partie prétendra qu'il y aura contrarieté d'arreſts entre un arreſt d'une des Cours de Parlement, ou autres, & un arreſt du Grand-Conſeil, elle ne pourra ſe pourvoir qu'au Conſeil; ce qui aura lieu pareillement, lorſque l'arreſt ou le jugement en dernier reſſort, auquel on prétendra qu'un autre arreſt ou jugement en dernier reſſort eſt contraire, ſera émané du Conſeil, ou rendu par des Commiſſaires dudit Conſeil, ou par les ſieurs Maiſtres des Requeſtes ordinaires de l'Hoſtel.

I I.

LES demandeurs en contrarieté d'arrefts ou jugemens, ne feront affujettis ni aux délais, ni à la confignation d'amende, ni aux autres formalitez prefcrites pour les demandes en caffation d'arrefts.

I I I.

LA demande en contrarieté fera formée par une requefte en forme de vû d'arreft, à laquelle le demandeur fera tenu de joindre les copies à luy fignifiées ou des expeditions en forme, des arrefts qu'il foûtiendra eftre contraires, finon elle ne pourra eftre reçûë.

I V.

LES difpofitions des articles VII. XX. & XXI. du Titre IV. cy-deffus, foit fur la forme de commettre un Rapporteur, foit fur la communication aux fieurs Commiffaires dénommez dans ledit article XXI. feront pareillement obfervées à l'égard defdites requeftes, après laquelle communication il en fera fait rapport au Confeil par ledit fieur Rapporteur, pour y eftre ftatué ainfi qu'il appartiendra.

V.

LORSQU'IL ne fe trouvera aucune contrarieté entre les deux arrefts ou jugemens dont il s'agira, ledit demandeur fera débouté de fa demande, ou declaré non-recevable, s'il y efchet: & fi ladite demande paroift meriter une plus grande inftruction, il fera ordonné qu'elle fera communiquée aux parties qui y feront intereffées, pour y refpondre dans les délais du reglement.

V I.

EN cas que fur le rapport de l'inftance introduite par ledit arreft de foit communiqué, il foit jugé qu'il y a contrarieté entre les deux arrefts ou jugemens, il fera ordonné que, fans s'arrefter au dernier, le premier fera executé felon fa forme & teneur : & fi le demandeur fuccombe en fa demande, il pourra eftre condamné en tels dommages & interefts qu'il appartiendra envers fa partie, mefme en telle amende qu'il plaira au Confeil d'arbitrer.

TITRE VII.

Des Requeftes en révifion en matiere criminelle.

ARTICLE PREMIER.

LES demandes en révifion feront formées par requefte en forme de vû d'arreft, à laquelle fera jointe la copie fignifiée, ou une expedition en forme de l'arreft ou du jugement rendu en dernier reffort, qui donnera lieu à ladite demande, finon elle ne pourra eftre reçûë.

I I.

LADITE requefte fera fignée d'un avocat au Confeil, fans que le demandeur foit tenu de la faire figner par deux anciens avocats, ni affujetti à la confignation ou condamnation d'a-mende, ni mefme aux délais prefcrits pour les demandes en caffation : fi ce n'eft toutesfois qu'il euft conclu, par la mefme requefte, à la caffation des arrefts ou jugemens rendus en der-nier reffort dans le procès dont il demandera la révifion, au-quel cas, toutes les regles eftablies par le Titre IV. au fujet des demandes en caffation, feront obfervées.

I I I.

LES difpofitions des articles VII. XX. & XXI. dudit Titre, au fujet de la nomination des Rapporteurs pour les requeftes en caffation, & de la communication defdites requeftes, feront pareillement obfervées à l'égard des requeftes en révifion.

I V.

LORSQUE fur le rapport qui fera fait de ladite requefte au Confeil, elle paroiftra meriter un plus grand examen, il fera ordonné que les charges & procedures du procès dont la révifion eft demandée, feront apportées au Greffe des Requeftes de l'Hoftel ; pour, ladite requefte & lefdites charges, informations & procedures communiquées auxdits fieurs Maiftres des Requeftes eftant en quartier aux Requeftes de l'Hoftel, eftre par eux, fur le rapport de celuy qui aura efté commis fur la requefte en révifion, donné leur avis, fur la demande portée par ladite requefte, ainfi qu'il appartiendra.

V.

LEDIT avis fera remis au fieur Rapporteur, figné defdits fieurs Maiftres des Requeftes, & il en fera par luy rendu compte au Confeil, pour y eftre ftatué ainfi qu'il appartiendra, foit en déboutant le demandeur de fa demande, foit en ordonnant qu'il fera procedé à la révifion du procès criminel; à l'effet de quoy les lettres à ce neceffaires feront expediées en la forme ordinaire.

TITRE VIII.

Des appels des Ordonnances ou Jugemens des fieurs Intendans & Commiffaires départis, ou autres Juges commis par le Confeil, & des Capitaineries Royales.

ARTICLE PREMIER.

LES appels des ordonnances ou jugemens des fieurs Intendans & Commiffaires départis, ou autres Commiffaires du Confeil, députez pour juger à la charge de l'appel, ne pourront eftre relevez au Confeil que par lettres, ou par arreft de foit communiqué.

II.

LESDITES ordonnances ou jugemens feront executez par provifion, nonobftant l'appel, & il en fera inféré une claufe expreffe dans les lettres ou dans l'arreft qui recevra la partie appellante, ce qui fera obfervé, à peine de nullité.

III.

IL ne fera reçû aucun appel des ordonnances renduës par les Subdeleguez fur les renvois à eux faits par les fieurs Intendans ou Commiffaires départis; fauf aux parties à s'adreffer auxdits fieurs Intendans ou Commiffaires départis, pour y eftre pourvû par eux ainfi qu'il appartiendra.

I V.

LES articles I. & II. cy-deſſus feront executez à l'égard des appels des jugemens rendus dans les Capitaineries royales, ſauf à eſtre leſdits appels renvoyez aux Requeſtes de l'Hoſtel, lorſqu'il eſcherra de faire quelque inſtruction criminelle incidemment audit appel, ou de rendre un jugement après avoir entendu les accuſez ſur la ſellette ou derriere le barreau; auquel cas il ſera ſtatué ſur leſdits appels par leſdits ſieurs Maiſtres des Requeſtes, au rapport de celuy qui aura eſté commis par l'arreſt de renvoy en la forme ordinaire, & ſur les concluſions du Procureur general auxdites Requeſtes de l'Hoſtel, s'il y eſchet.

V.

IL ne pourra eſtre accordé aux accuſez qui feront appellans des decrets de priſe de corps décernez contre eux, aucunes deffenſes ni ſurſeances d'executer leſdits decrets, que ſur le vû des charges & informations apportées au greffe du Conſeil, en vertu de l'arreſt qui aura eſté rendu à cet effet; & où il en auroit eſté ſurpris au prejudice du preſent article, elles feront regardées comme nulles & non avenuës, & ne pourront empeſcher l'inſtruction & le jugement du procès : & ſera au ſurplus obſervé, pour ce qui concerne les appellations, ſoit des decrets ou des jugemens interlocutoires ou définitifs, rendus par des Commiſſaires de noſtre Conſeil, ou par les Officiers des Capitaineries royales, tout ce qui eſt preſcrit par le Titre XXVI. de l'Ordonnance du mois d'aouſt 1670.

TITRE IX.

Des autres matieres non compriſes dans les Titres precedens.

ARTICLE PREMIER.

LORSQU'UNE partie ſera dans le cas de ſe pourvoir au

Conſeil, dans d'autres matieres que celles qui ſont mentionnées aux titres precedens, elle ne pourra le faire que par
une requeſte en forme de vû d'arreſt, contenant ſa demande
& ſes moyens, & elle ſera tenuë d'y joindre les pieces ſur leſ-
quelles ladite demande ſera fondée.

I I.

Ladite requeſte ſera ſignée d'un avocat au Conſeil, dont
la ſignature vaudra élection de domicile pour le demandeur,
en la perſonne dudit avocat; & ladite requeſte contiendra les
moyens & les concluſions du demandeur, avec l'énonciation
ſommaire des pieces dont il entendra ſe ſervir, ſinon elle ne
pourra eſtre reçûë.

I I I.

Le demandeur remettra ladite requeſte & les pieces y jointes,
à l'un des ſieurs Maiſtres des Requeſtes, ſi ce n'eſt toutesfois
qu'elle fuſt incidente à une inſtance dans laquelle il y auroit
eu un Rapporteur commis; auquel cas, aucun autre des ſieurs
Maiſtres des Requeſtes ne pourra s'en charger, & il y ſera ſtatué
au premier Conſeil par un arreſt qui ſera eſcrit au pied d'icelle.
Deffenſes ſont faites aux parties, à peine de nullité & de tous
deſpens, dommages & intereſts, de ſe ſervir des arreſts qui
auroient eſté rendus ſur pareilles requeſtes, dans une autre
forme que celle preſcrite par le preſent article & par le precedent, qui ſeront obſervez dans tous les cas où, ſuivant le preſent
reglement, les parties doivent ſe pourvoir par requeſte en
forme de vû d'arreſts.

I V.

Lorsque la demande portée par ladite requeſte ſe trouvera ſuffiſamment juſtifiée, elle pourra eſtre adjugée ſur le
champ par ledit arreſt, ſinon il ſera ordonné qu'elle ſera communiquée aux parties dénommées dans la requeſte; & en cas
que le demandeur ſe trouve non-recevable ou mal fondé dans
ladite demande, il en ſera débouté, ou declaré non-recevable,
s'il y eſchet.

V.

V.

APRÈS qu'il aura esté statué par arrest sur une requeste, il ne pourra plus en estre presenté aucune autre tendante à mesmes fins, à peine de nullité, mesme s'il y eschet, de telle aumosne qu'il appartiendra, contre la partie, & contre l'avocat qui, après avoir signé la premiere requeste, auroit aussi signé la seconde; & sera ladite aumosne appliquée à l'hospital general.

V I.

DANS les cas où incidemment à une instance d'évocation, de reglement de juges, ou autre, il aura esté ordonné que les parties escriront & produiront sur le fond de leurs contestations, le Rapporteur pardevant lequel ladite instruction sera faite, sera commis par le mesme arrest, lequel sera signifié aux parties, au domicile de leurs avocats, dans les délais qui seront reglez par ledit arrest; & l'instance sera instruite sans nouvelles assignations, & sans autre procedure, en la forme prescrite pour les instances dans lesquelles les parties ont constitué avocat.

V I I.

LORSQUE sur une affaire dont il aura esté rendu compte à la personne mesme de Sa Majesté, Elle aura ordonné que les parties procederont en son Conseil, ou en la Direction des finances, l'arrest qui l'aura ainsi ordonné, sera signifié aux avocats des parties, si les requestes ou memoires qui ont esté donnez auparavant, ont esté signez par des avocats au Conseil, sinon au domicile desdites parties; & ladite signification, dans l'un & l'autre cas, vaudra sommation de deffendre aux demandes dans les délais du reglement, sans que pour raison de ce il puisse estre donné aucune assignation, ni estre fait aucune sommation, ni autre signification pour introduire l'instance, ce qui sera observé, à peine de nullité, sans prejudice néantmoins de ce qui a esté cy-dessus reglé par l'article XL. du Titre IV. au sujet des demandes en cassation.

D

TITRE X.

Des Oppositions aux Arrests du Conseil.

ARTICLE PREMIER.

CEUX qui voudront s'opposer à des arrests du Conseil, qui auront esté rendus sur requeste, ou dans lesquels ils n'auront pas esté parties ou dûëment appellez, ne pourront former leur opposition que par une requeste contenant leurs moyens, leurs conclusions, & l'énonciation sommaire des pieces qu'ils y voudront joindre, sans que ladite opposition puisse estre formée par un simple acte.

I I.

LES actes par lesquels les parties auroient declaré qu'elles forment opposition aux arrests qui leur auront esté signifiez dans le cas de l'article precedent, ne seront regardez que comme une simple protestation, & ne pourront empescher que lesdits arrests ne soient executez aux risques, perils & fortunes de ceux qui les auront obtenus; & sauf à estre prononcé contre eux, s'il y eschet, telles condamnations de dommages & interests qu'il appartiendra.

I I I.

EN cas que l'opposition soit formée dans l'année, à compter du jour de l'obtention de l'arrest, la requeste pour former ladite opposition sera remise au Greffier du Conseil, avec une requeste separée pour faire commettre un Rapporteur; à quoy il ne pourra estre procedé, qu'après que l'opposant aura declaré à l'avocat qui occupoit pour la partie lorsqu'elle a obtenu ledit arrest, qu'il s'est pourvû pour faire nommer un Rapporteur; & sera ledit avocat tenu d'occuper sur ladite opposition, sans qu'il ait besoin d'un nouveau pouvoir.

I V.

LORSQUE le Rapporteur aura esté commis, ledit Greffier sera tenu de luy remettre l'ordonnance qui l'aura nommé,

avec la requefte d'oppofition , qui fera refponduë d'une ordonnance de foit communiqué au deffendeur, au domicile
dudit avocat, pour y fournir de refponfes dans les délais du
reglement; après quoy l'inftance d'oppofition fera inftruite &
jugée en la forme prefcrite pour les inftances introduites par
arreft de foit communiqué.

V.

APRÈS le terme marqué par l'article III. cy-deffus, ou, en
cas que ledit avocat fuft décedé, l'oppofant ne pourra former
fon oppofition que par une requefte en forme de vû d'arreft,
qu'il remettra à un des fieurs Maiftres des Requeftes, pour eftre
ordonné, à fon rapport, qu'elle fera communiquée aux parties
y dénommées, pour y refpondre dans les délais du reglement.

V I.

LORSQUE lefdites oppofitions feront formées incidemment
à une inftance pendante au Confeil, elles feront introduites
& inftruites ainfi qu'il fera reglé cy-après au Titre VII. de la
feconde partie.

V I I.

LES tiers oppofans qui fuccomberont dans leurs oppofitions, feront condamnez en cent cinquante livres d'amende,
moitié envers Sa Majefté, & moitié envers la partie; laquelle
amende pourra mefme eftre augmentée, lorfque le Confeil
le jugera à propos.

SECONDE PARTIE.

De la maniere de proceder à l'instruction des affaires portées au Conseil, & des regles qui sont communes à ladite instruction.

TITRE PREMIER.

De la forme & des Délais des Assignations & autres actes ou exploits introductifs d'instance, & des Presentations.

ARTICLE PREMIER.

TOUTES assignations seront données, & tous actes introductifs d'instance seront signifiez au domicile des parties, à l'exception des cas portez par les articles LIII. LIX. & LXIX. de l'Ordonnance du mois d'aoust 1737. au titre des évocations: comme aussi par les articles IV. & VI. du Titre II. & par l'article IV. du Titre X. de la premiere partie du present reglement.

I I.

Tous exploits d'assignation, ou actes introductifs d'instance, de quelque qualité qu'ils soient, mesme les significations des requestes d'opposition à des arrests du Conseil, contiendront le nom de l'avocat dont la partie entend se servir; à peine de nullité desdits exploits ou actes, & de vingt livres d'amende contre les huissiers ou sergens qui les auroient signifiez.

I I I.

LES délais des assignations au Conseil, seront de deux mois pour les ressorts des Parlemens, & autres Cours de Languedoc, Guyenne, Grenoble, Aix, Pau, Besançon & Bretagne, & des Conseils superieurs d'Alsace & de Roussillon,

& d'un mois pour les refforts des Parlemens & autres Cours de Paris, Roüen, Dijon, Metz & Flandre, & du Confeil d'Artois, en ce qui concerne la jurifdiction criminelle en dernier reffort, à la referve toutesfois des affignations qui feront données dans l'eftenduë de la ville de Paris, & de dix lieuës à la ronde, lefquelles ne feront que de quinzaine.

I V.

LESDITS délais feront d'un an pour les refforts des Confeils fuperieurs des iffes de Saint-Domingue, de la Martinique & de la Guadeloupe; & à l'égard des refforts des Confeils fuperieurs de Canada, de l'Ifle-royale, de l'Ifle de Bourbon, de l'Ifle de France, & de Pondichery, le délay de l'affignation fera reglé, ainfi qu'il appartiendra, par les lettres ou par les arrefts portant permiffion d'affigner.

V.

DANS tous les délais cy-deffus marquez, les jours de l'affignation ou de la fignification, & celuy de l'efchéance, ne feront point comptez; ce qui fera pareillement obfervé dans tous les délais marquez par le prefent reglement.

V I.

LORSQUE les inftances auront efté introduites par arreft de foit communiqué, la fignification defdits arrefts emportera de droit fommation d'y fatisfaire & de fe prefenter au Confeil dans les délais cy-deffus prefcrits; fans qu'il puiffe eftre donné aucune affignation, ni eftre fait aucune fommation ni autre fignification, à peine de nullité defdites affignations, fommations ou fignifications.

V I I.

DANS les lettres portant permiffion d'affigner au Confeil, feront nommez & défignez diftinctement tous ceux qui doivent y eftre affignez, fans qu'on puiffe ufer des termes, *& autres qu'il appartiendra:* Et toutes affignations données à autres qu'à ceux qui font nommez ou défignez dans lefdites lettres, feront reputées nulles; fauf, en cas qu'il y ait d'autres parties dont la prefence paroiffe neceffaire dans la fuite, à y eſtre pourvû par un arreſt portant permiſſion de les mettre en cauſe; auquel cas, il pourra eſtre ordonné, s'il y eſchet, que l'inſtance ſera inſtruite avec leſdites nouvelles parties, aux frais & deſpens de celle qui aura negligé de les faire comprendre dans leſditeslettres, & qu'elle ne pourra repeter leſdits frais, quand meſme par l'arreſt définitif, elle obtiendroit une condamnation de deſpens contre toutes les parties.

V I I I.

L'avocat conſtitué par leſdites lettres, ſera tenu, à la premiere ſommation qui luy ſera faite par l'avocat qui ſe ſera conſtitué pour une deſdites parties, de juſtifier des aſſignations qui auront eſté données aux autres parties dénommées dans les lettres, ſinon il demeurera reſponſable en ſon nom, de tous les deſpens, dommages & intereſts de la partie.

I X.

En cas qu'il ſe trouve qu'une ou pluſieurs des parties compriſes dans leſdites lettres, n'ait pas eſté aſſignée avant ladite ſommation, la partie aſſignée en conſéquence deſdites lettres, pourra obtenir un arreſt pour luy permettre de faire aſſigner les parties qui ne l'auroient pas eſté, & ce, dans le délay qui ſera preſcrit par ledit arreſt : le tout aux frais de celuy qui aura obtenu leſdites lettres, & ſans qu'il puiſſe les repeter, quand meſme par l'arreſt définitif il obtiendroit une condamnation de deſpens.

X.

Les diſpoſitions des trois articles precedens, ſeront obſervées à l'égard des arreſts de ſoit communiqué, & des ſignifications deſdits arreſts.

X I.

L'avocat cotté par les lettres, arreſts, exploits, ou actes introductifs d'inſtance, ſera tenu d'occuper pour le demandeur, lors meſme qu'il n'aura point d'autre pouvoir, & ſans qu'il ſoit reçû à declarer qu'il n'a point de charge, ou que c'eſt à ſon inſçû & ſans ſon aveu qu'il a eſté cotté par leſdites lettres, arreſts, exploits ou actes.

X I I.

LA simple remise faite à un avocat, de la copie signifiée desdites lettres, arrests, exploits, ou autres actes introductifs d'instance, luy tiendra lieu de pouvoir suffisant pour occuper pour le deffendeur, sans qu'il ait besoin d'en avoir aucun autre.

X I I I.

TOUT avocat qui aura charge d'occuper pour le demandeur ou pour le deffendeur, en consequence d'une assignation, sera tenu de faire un acte de presentation au Greffe.

X I V.

L'AVOCAT du deffendeur ou de l'intimé, sera tenu de faire signifier ledit acte de presentation à l'avocat du demandeur ou de l'appellant, dans les trois jours de l'enregistrement de ladite presentation au Greffe, sinon il demeurera responsable en son nom, des frais qui auroient esté faits, faute de ladite signification, pour obtenir un deffaut.

X V.

DANS les instances qui seront introduites par arrest de soit communiqué, le premier acte signifié de la part de l'avocat pour le deffendeur, tiendra lieu de presentation, & vaudra constitution, sans qu'il soit besoin d'en faire signifier d'autre.

X V I.

IL sera permis au deffendeur ou à l'intimé, d'anticiper le délay porté par l'assignation ou par la signification de l'arrest de soit communiqué, auquel cas, l'avocat du demandeur ou de l'appellant sera tenu d'occuper.

X V I I.

LES avocats seront tenus de signer les originaux & les copies de tous les actes, requestes ou autres procedures, qui seront signifiez pendant le cours des instances, ce qui sera observé à peine de nullité de ladite signification : Deffenses sont faites aux Greffiers du Conseil & à leurs commis, de delivrer aucunes expeditions sur les cedules non signées, & aux Huissiers dudit Conseil de signifier aucunes escritures ou actes, soit d'instruction ou autres, s'ils ne sont signez desdits avocats;

à peine de nullité & de deux cens livres d'amende.

X V I I I.

DEFFENSES font faites, fous les mefmes peines, auxdits huiffiers, de fignifier aucunes requeftes, fi elles ne font refponduës d'une ordonnance du Rapporteur; & feront tenus de faire en perfonne toutes les fignifications dont ils feront chargez, comme auffi de recevoir les refponfes, fi aucunes font faites par les avocats des parties, & les leur faire figner : ce qui fera obfervé à peine de vingt livres d'amende.

TITRE II.

Des Deffauts, des Arrefts fur lefdits Deffauts, & de la reftitution contre lefdits Arrefts.

ARTICLE PREMIER.

EN cas que le deffendeur ou l'intimé qui aura efté affigné au Confeil, ne fe foit pas prefenté dans les délais marquez au Titre précedent, ou qu'il n'ait pas fait fignifier fon acte de prefentation conformement à ce qui eft porté par l'article XIV. dudit titre, le demandeur pourra, huitaine après l'efchéance de l'affignation, lever un deffaut au Greffe contre ledit deffendeur.

I I.

LORSQU'IL y aura eu plufieurs parties affignées, en vertu des mefmes lettres, à pareils ou differens délais, l'avocat du demandeur ou de l'appellant ne pourra prendre un deffaut contre aucunes defdites parties, qu'après l'efcheance de toutes les affignations & l'expiration du temps prefcrit pour lever le deffaut.

I I I.

L'AVOCAT du demandeur, qui voudra lever un deffaut, fera tenu d'y comprendre toutes les parties affignées qui n'auront pas comparu, faute de quoy, celles defdites parties qui

fe

ſe ſeront preſentées, pourront obtenir un arreſt portant permiſſion de lever ledit deffaut; le tout aux frais dudit demandeur, & ſauf à eſtre prononcé contre luy, ou contre ſon
avocat, s'il y eſchet, telle condamnation de dommages &
intereſts qu'il appartiendra.

I V.

En cas que le demandeur ait laiſſé paſſer une année
entiere depuis l'aſſignation donnée, ſans faire aucune pour-
ſuite, il ne pourra lever un deffaut ſur ladite aſſignation, à
peine de nullité, ſi ce n'eſt toutesfois que l'un des deffendeurs
ſe fuſt preſenté; auquel cas, il pourra eſtre pris, meſme après
l'année de l'aſſignation, un deffaut contre les autres deffendeurs deffaillans : & ne pourra la ſurannation eſtre oppoſée
au deffendeur par le demandeur, en aucun cas.

V.

Lorsque le deffaut aura eſté levé, il ſera remis à l'un
des ſieurs Maiſtres des Requeſtes, avec une requeſte pour en
demander le profit, à laquelle ſeront jointes les pieces juſtifi-
catives de la demande; & ne pourra ladite requeſte exceder
quatre rolles.

V I.

Le deffaut ſera jugé ſans autre procedure ni formalité,
après qu'il en aura eſté communiqué aux ſieurs Maiſtres des Requeſtes eſtant en quartier au Conſeil, en leur aſſemblée, ſans
néantmoins que l'arreſt puiſſe eſtre rendu que trois jours après
la date dudit deffaut.

V I I.

Le deffaut ſur une aſſignation en repriſe d'inſtance ou
en conſtitution de nouvel avocat, comme auſſi tout deffaut
levé contre des parties deffaillantes, lorſque d'autres parties
auront comparu, demeurera joint de droit au principal, ſans
qu'il ſoit rendu aucun arreſt à cet effet, & ſera jugé avec l'inſtance par un ſeul & meſme arreſt.

V I I I.

Dans les inſtances introduites par arreſt de ſoit communiqué, faute par la partie de conſtituer avocat à l'eſchéance

E

du délay porté par ledit arreſt, l'avocat du demandeur pourra, huitaine après l'expiration dudit délay, remettre ledit arreſt dûëment ſignifié, avec les pieces qui y auront eſté viſées, au ſieur Maiſtre des Requeſtes au rapport duquel l'arreſt de ſoit communiqué ſera intervenu, ou, en ſon abſence ou legitime empeſchement, à celuy des ſieurs Maiſtres des Requeſtes qui aura eſté commis à ſa place en la forme ordinaire, pour eſtre ſtatué ainſi qu'il appartiendra, au premier Conſeil, ſur la requeſte inſerée audit arreſt, ſans ſommation, & ſans autres procedures ni formalitez, après néantmoins qu'il en aura eſté communiqué aux ſieurs Maiſtres des Requeſtes, ainſi qu'il eſt porté par l'article VI. cy-deſſus.

I X.

LES parties deffaillantes ne pourront eſtre reſtituées contre les arreſts par deffaut, que par lettres du grand ſceau, ou par arreſt du Conſeil.

X.

LA partie qui voudra ſe pourvoir par cette voye, ſera tenuë, avant toutes choſes, d'offrir à l'avocat qui aura obtenu l'arreſt par deffaut, la ſomme de cent livres pour la refuſion des frais, juſqu'au jour des offres; & faute par ledit avocat de recevoir ladite ſomme, les deniers demeureront conſignez entre les mains de l'huiſſier qui en aura fait l'offre, aux riſques, perils & fortunes de l'avocat qui l'aura refuſée, ſans que pour raiſon de ce, ledit huiſſier puiſſe pretendre aucun droit de conſignation.

X I.

EN rapportant la quitance de l'avocat, ou l'acte d'offre portant conſignation, ladite partie ſera reſtituée par lettres ou par arreſt, qu'elle ſera tenuë d'obtenir, & meſme de faire ſignifier à l'avocat de l'autre partie, dans les délais ſuivans, à compter du jour de la ſignification de l'arreſt par deffaut, faite à la perſonne ou domicile du défaillant; ſçavoir, de trois mois quand l'aſſignation aura eſté donnée à deux mois, de deux mois quand elle aura eſté donnée à un mois, & d'un mois quand elle aura eſté donnée à quinzaine: le tout ſuivant

la diftinction portée par l'article III. du Titre des affignations:
Et à l'égard des parties domiciliées dans les refforts des Confeils
fuperieurs, mentionnez en l'article IV. dudit Titre, outre les
délais des affignations dont il y eft fait mention, il fera accordé
fix mois de plus pour obtenir & faire fignifier ledit arreft de
reftitution.

X I I.

APRÈS les délais marquez par l'article precédent, ledit deffaillant ne fera plus reçû à fe pourvoir contre ledit arreft, par
aucune autre voye que celle de la demande en caffation ; &
l'avocat de la partie qui aura obtenu l'arreft par deffaut, pourra
rendre les pieces qu'elle luy avoit remifes, dont il demeurera
bien & valablement defchargé.

X I I I.

EN matiere d'évocation & de reglement de juges, la voye
de reftitution contre les arrefts rendus par deffaut, ne pourra
eftre admife ou avoir fon effet, fi, après la fignification defdits arrefts, & avant celle des lettres ou arrefts de reftitution,
il eft intervenu fentence ou arreft définitif fur la conteftation
principale dans le Tribunal où l'affaire aura efté renvoyée ; &
les lettres ou arrefts de reftitution, fi aucuns avoient efté
obtenus dans ledit cas, feront reputez nuls & de nul effet,
fans qu'il foit befoin de le faire declarer ; à l'effet de quoy il
en fera inferé une claufe expreffe dans lefdites lettres ou arrefts,
le tout à peine de nullité.

X I V.

IL ne fera pareillement accordé aucune reftitution contre
les arrefts donnez par deffaut, contre quelques-unes des parties de l'inftance, lorfqu'ils auront efté rendus contradictoirement avec d'autres parties qui avoient le mefme intereft que
les parties deffaillantes, à l'égard defquelles ils feront reputez
contradictoires, & ne pourront eftre attaquez que par la voye
de la demande en caffation.

X V.

LES fommes payées pour la refufion des frais cy-deffus
marquez, mefme pour ceux qui auront efté faits à l'occafion

de la reftitution demandée, ne pourront eftre repetées par le demandeur en reftitution, quand mefme il luy auroit efté adjugé des defpens par l'arreft définitif, fi ce n'eft feulement lorfque la procedure fur laquelle le defflaut auroit efté obtenu, fera declarée nulle; auquel cas, ladite fomme fera renduë au demandeur en reftitution; & fi elle eftoit demeurée entre les mains de l'huiffier, fuivant ce qui a efté dit cy-deffus, il fera tenu de la remettre au demandeur, ou à fon avocat; à quoy faire il fera contraint par toutes voyes de droit, mefme par corps.

X V I.

LES difpofitions des articles precedens, à l'égard des reftitutions contre les arrefts par deffaut, feront pareillement obfervées à l'égard des arrefts rendus faute d'avoir refpondu aux requeftes inferées dans les arrefts de foit communiqué, dûëment fignifiez.

T I T R E   I I I.

De la nomination & fubrogation des Rapporteurs, ou des Commiffaires pour la communication des Inftances.

ARTICLE PREMIER.

APRÈS la prefentation ou la conftitution de l'avocat de la part du deffendeur, fuivant ce qui a efté dit au Titre des affignations, il fera commis un Rapporteur par Monfieur le Chancelier, en la forme cy-après marquée, fans qu'aucun autre que celuy des fieurs Maiftres des Requeftes qui aura efté commis, puiffe fe charger des requeftes & productions des parties, quand mefme elles y auroient confenti par efcrit; & à l'égard de celuy defdits fieurs Maiftres des Requeftes, au rapport duquel un arreft de foit communiqué aura efté rendu, il ne pourra eftre Rapporteur de l'inftance, à moins que Monfieur le Chancelier ne juge à propos de le commettre, du confentement par efcrit de toutes les parties.

I I.

L'AVOCAT qui voudra faire commettre un Rapporteur, fuivant l'article precedent, fera tenu de le declarer auparavant aux avocats des autres parties de l'inftance, par un acte qui contiendra les noms & qualitez de toutes les parties, lequel acte fera fignifié aux avocats un jour au moins avant que le Rapporteur puiffe eftre nommé ; le tout à peine de nullité.

I I I.

APRÈS la fignification dudit acte, l'avocat remettra entre les mains du Greffier, une requefte fommaire, tendante à ce qu'il foit commis un des fieurs Maiftres des Requeftes, pour inftruire & faire le rapport de l'affaire; dans laquelle requefte feront exprimez les noms & qualitez des parties, foit de deman-deur, deffendeur, appellant, intimé, intervenant, prenant le fait & caufe, ou appellé en garentie, ou en affiftance de caufe, fans que les termes d'*autres* ou de *conforts* puiffent y eftre employez : & fera pareillement fait mention fommaire de la nature & de l'objet des affaires dont il s'agira, & ne pourra y eftre fait aucune rature ni interligne, le tout à peine de nullité.

I V.

LES parties pourront remettre au Greffier, avec ladite requefte, un memoire contenant les noms de ceux des fieurs Maiftres des Requeftes qui leur feront fufpects, jufqu'au nombre de trois feulement; pour y avoir par Monfieur le Chancelier, tel égard que de raifon.

V.

IL fera commis fur ladite requefte par Monfieur le Chan-celier, tel des fieurs Maiftres des Requeftes eftant en quartier au Confeil, qu'il voudra nommer Rapporteur de l'affaire; à l'exception néantmoins des requeftes en caffation, en con-trarieté, ou en revifion, pour le rapport defquelles tous les fieurs Maiftres des Requeftes pourront eftre commis fans diftinction de quartier.

V I.

L'ORDONNANCE qui aura commis le Rapporteur, fera

fignifiée à tous les avocats de l'inftance, dans la huitaine du jour de fa date, finon ladite ordonnance fera regardée comme non avenuë, & l'avocat qui l'aura obtenu, ne pourra en repeter les frais contre fa partie.

V I I.

L E Rapporteur qui aura efté commis en la forme cy-deffus prefcrite, ne pourra eftre changé dans le mefme quartier, qu'en cas de reculation jugée bonne & valable, ou d'abfence, ou autre empefchement legitime & fuffifant, ou par fubrogation après la fin du quartier; hors defquels cas, il pourra exercer la fonction de Rapporteur, mefme après ledit quartier expiré, fans qu'il foit befoin d'en obtenir la continuation.

V I I I.

DEFFENSES très-expreffes font faites aux avocats, de faire commettre deux fois fur une mefme requefte, ou fur une mefme inftance, ou fur les demandes incidentes ou autres qui en peuvent dépendre; comme auffi de faire commettre un Rapporteur, lorfque l'avocat d'une autre partie en aura fait commettre un; le tout à peine de nullité, & autres qu'il appartiendra, fuivant l'exigence des cas.

I X.

S'IL arrive néantmoins, par erreur ou autrement, que les parties ayent fait commettre deux Rapporteurs dans la mefme affaire, celuy qui aura efté nommé le premier, demeurera Rapporteur, fans qu'il foit befoin de le faire commettre de nouveau; & l'ordonnance qui aura commis le fecond, fera regardée comme non avenuë.

X.

LE contenu aux articles precedens, fera obfervé lorfqu'il y aura lieu de faire fubroger un Rapporteur à celuy qui avoit efté d'abord commis en la forme ordinaire, ou mefme par arreft; & le Rapporteur qui fera fubrogé, pourra eftre choifi entre tous les ficurs Maiftres des Requeftes, fans diftinction de quartier.

X I.

LES inftances ne pourront eftre rapportées par celuy qui

aura esté subrogé, que trois jours au moins après la signification de l'ordonnance qui l'aura subrogé.

X I I.

LORSQU'UNE des parties demandera la jonction de deux
instances distribuées à des Rapporteurs differens, elle sera tenuë
de remettre sa requeste au Rapporteur de l'instance dont la
jonction sera demandée; & en cas que ladite jonction soit
ordonnée, celuy des sieurs Maistres des Requestes qui avoit
esté commis sur l'instance à laquelle l'autre aura esté jointe,
demeurera seul Rapporteur des deux instances.

X I I I.

LES dispositions des articles precedens sur la nomination
des Rapporteurs, seront observées dans tous les cas où il escherra
de faire nommer des Commissaires pour la communication
des instances.

X I V.

LE Greffier tiendra deux registres pour les distributions des
affaires pendantes au Conseil, dont l'un sera remis à Monsieur
le Chancelier, & l'autre demeurera entre les mains dudit
Greffier; ce qui sera pareillement observé à l'égard des registres
qui seront tenus pour la nomination des sieurs Commissaires
à qui les instances devront estre communiquées.

T I T R E   I V.

Des Requestes & Productions.

A R T I C L E   P R E M I E R.

DANS les instances qui auront esté introduites par assignation, la partie qui en poursuivra l'instruction, sera tenuë, aussi-
tost après la nomination du Rapporteur, de luy remettre une
requeste contenant le recit du fait, ses moyens, l'énonciation
sommaire de ses pieces, & ses conclusions; lesquelles requestes
& pieces seront employées pour fins de non-recevoir, deffenses
au fond, escritures & productions.

I I.

LADITE requefte fera refponduë par le fieur Rapporteur, d'une ordonnance portant ait acte de l'employ & au furplus en jugeant; & fera ladite requefte fignifiée à l'avocat de l'autre partie, dans la huitaine au pluftard, à compter du jour de ladite ordonnance.

I I I.

LADITE requefte ainfi refponduë & fignifiée, fera remife au Greffe du Confeil, avec les pieces qui y feront produites, pour eftre enfuite donnée au fieur Rapporteur; & le Greffier ne pourra la recevoir, fi toutes lefdites pieces n'y font jointes, à peine de refpondre en fon propre & privé nom, des dommages & interefts des parties.

I V.

DANS les inftances introduites par arreft de foit communiqué, comme auffi dans les inftances d'oppofition au titre, ou à un arreft du Confeil, la requefte inferée en l'arreft de foit communiqué, ou la requefte en main-levée de l'oppofition au titre, ou celle d'oppofition à l'arreft, tiendront lieu de la requefte mentionnée dans l'article I. cy-deffus; comme auffi d'efcritures & productions de la part de celuy qui aura obtenu ledit arreft, ou demandé la main-levée de l'oppofition au titre, ou formé oppofition à l'arreft; & il fera tenu de remettre au Greffe ledit arreft ou lefdites requeftes, enfemble les pieces qu'il y aura jointes.

V.

L'AVOCAT qui aura remis fa requefte au Greffe, conformement à l'article precedent & audit article I. fera tenu de le declarer aux autres avocats de l'inftance, par acte au pied duquel le Greffier cottera fans frais, le jour de la remife de ladite requefte.

V I.

LE mefme acte contiendra fommation de produire à l'égard des avocats qui ne l'auront pas fait, fans qu'il foit permis de faire ladite fommation par un acte feparé, ou d'en faire plus d'une, le tout à peine de nullité.

V I I.

V I I.

L'Avocat à qui ledit acte contenant sommation de produire, aura esté signifié, sera tenu de remettre au sieur Rapporteur, dans deux mois au pluftard, à compter du jour de ladite signification, sa requeste en responfe à celle qui luy aura esté signifiée; & à l'égard de ladite requeste en responfe, seront observées les dispositions des articles I. II. III. & V. cy-dessus, sur ce qui concerne la requeste du demandeur.

V I I I.

L'Avocat qui aura produit le premier, pourra, dans le délay qui sera cy-après marqué, respondre à ladite requeste & production, par une seconde requeste, à laquelle il luy sera permis de joindre telles pieces qu'il avifera bon estre, desquelles il sera tenu de faire une énonciation sommaire dans ladite requeste, qui sera signifiée à l'avocat de l'autre partie, pour y respondre, si elle le juge à propos, par une pareille requeste.

I X.

Lesdites secondes requestes feront employées reciproquement pour responfes aux precedentes, & respondües d'une ordonnance d'ait acte & soit signifié; & en cas qu'elles continffent de plus amples conclusions, ladite ordonnance portera en outre, qu'en jugeant il y sera fait droit.

X.

Les parties remettront entre les mains du sieur Rapporteur lefdites secondes requestes, sans autre formalité, & sans qu'il soit necessaire de les produire au Greffe; & ne pourront lefdites parties faire respondre aucune requeste, si les pieces qui y sont produites, n'y sont énoncées & jointes.

X I.

Les requestes mentionnées dans les trois articles precedens, seront signifiées dans un mois pour tout délay, à compter du jour de la signification de celle à laquelle elles serviront de responfe, sinon il sera passé outre au jugement de l'instance,

F

fans qu'il foit neceſſaire de faire aucune fommation de les fournir, ni aucune autre procedure.

X I I.

DANS les inſtances d'évocation, de reglement de juges, d'oppofition au titre, & autres dont le fond ne doit pas eſtre jugé au Confeil, chacune deſdites requeſtes ne pourra exceder le nombre de trente rolles, & dans les autres inſtances celuy de foixante; & celles deſdites requeſtes qui en contiendroient un plus grand nombre, ne pourront entrer en taxe que pour trente ou foixante rolles, & l'avocat qui aura excedé ledit nombre, ne pourra repeter contre fa partie, les frais & hono-raires deſdites requeſtes, fi ce n'eſt qu'il euſt obtenu de Monfieur le Chancelier, une permiſſion par eſcrit d'exceder le nombre de rolles cy-deſſus preſcrit, laquelle permiſſion pourra eſtre demandée dans tous les cas où le nombre des rolles aura eſté fixé par le prefent reglement.

X I I I.

POURRONT néantmoins les requeſtes portées par l'article precedent, eſtre reduites, lors de la liquidation des defpens, à un moindre nombre de rolles que celuy qui eſt porté par ledit article, s'il paroiſt par la nature de l'affaire & l'objet deſdites requeſtes, qu'elles n'exigeoient pas ledit nombre, ce qui aura lieu pareillement à l'égard de toutes les requeſtes qui feront données par les parties pendant le cours de l'inſtance.

X I V.

EN cas que depuis les deux requeſtes qui pourront eſtre données de part & d'autre, fuivant les articles precedens, les parties ayent recouvré de nouvelles pieces, il leur fera permis de les produire par une nouvelle requeſte, qui fera refponduë d'une ordonnance, portant que les pieces feront jointes à l'inſtance, fans que ladite ordonnance puiſſe eſtre accordée, fi lefdites pieces ne font remifes en mefme temps au fieur Rapporteur.

X V.

LADITE requeſte ainfi refponduë, fera fignifiée dans les

trois jours de la date de ladite ordonnance, & remise entre les mains du sieur Rapporteur, sans qu'il soit besoin de la produire au Greffe; sinon, il sera passé outre au jugement de l'instance.

X V I.

LA partie à laquelle ladite requeste aura esté signifiée, sera tenuë d'y respondre dans la huitaine du jour de ladite signification, & de joindre sa requeste entre les mains du sieur Rapporteur, sans qu'il soit besoin d'aucune sommation; sinon il sera passé outre au jugement de l'instance.

X V I I.

LES requestes de production nouvelle, ou de responses à icelles, n'entreront en taxe que pour six rolles au plus, dans les instances d'évocation de reglement de juges, d'opposition au titre, & autres affaires dont le fond ne doit pas estre jugé au Conseil; & pour douze rolles au plus, dans les autres instances : & ne pourra estre signifié aucune autre requeste ou dire, au sujet desdites productions nouvelles, à peine de nullité.

X V I I I.

LORSQUE l'instance aura esté communiquée aux Commissaires à ce députez, ou à l'assemblée des sieurs Maistres des Requestes de quartier au Conseil, il ne pourra estre respondu aucune requeste de production nouvelle, que de l'avis desdits sieurs Commissaires, ou desdits sieurs Maistres des Requestes.

X I X.

DANS les instances d'évocation, de reglement de juges, d'opposition au titre, & autres affaires dont le fond ne doit pas estre jugé au Conseil, ou dans les instances d'opposition à des arrests du Conseil, rendus dans lesdites matieres, il n'entrera en taxe qu'une seule production nouvelle de la part de chacune des parties, si ce n'est qu'il en fust autrement ordonné par l'arrest qui interviendra sur lesdites instances.

X X.

LES parties qui auront négligé de produire leurs pieces par les requestes cy-dessus marquées, ou qui auront affecté de les produire dans la fuite, pour éloigner le jugement de l'inſtance, feront condamnées, lors du jugement d'icelle, en tels dommages & intereſts qu'il appartiendra, envers les autres parties, & en telle amende que le Conſeil jugera à propos, laquelle pourra meſme eſtre prononcée d'office; ce qui aura lieu dans toutes les inſtances ſans exception.

X X I.

APRÈS les deux requeſtes principales, & celles de production nouvelle, ou de reſponſes à icelles, les parties ne pourront eſtre reçûës à preſenter d'autres requeſtes, ni à faire ſignifier d'autres eſcritures, ſous quelque pretexte que ce puiſſe eſtre, & ce, ſous telles peines qu'il appartiendra; ſans préjudice néantmoins de ce qui ſera reglé au Titre VII. au ſujet des Incidens.

X X I I.

LORSQUE les parties n'auront rien à eſcrire ni à produire, ou lorſque dans une inſtance retenuë au Conſeil, elles voudront employer pour eſcritures & production, ce qu'elles auront dit & produit avant l'arreſt de retention, elles ſeront tenuës de le declarer par un ſimple acte d'employ, qui ſera ſignifié aux autres avocats de l'inſtance, & remis entre les mains du ſieur Rapporteur, ſans qu'il ſoit neceſſaire de le produire au Greffe, lequel acte tiendra lieu de production de leur part.

X X I I I.

SI leſdites parties jugent à propos de faire ſignifier des memoires imprimez, contenant le precis de l'inſtance, ou de nouveaux moyens, elles pourront le faire, ſans retardation néantmoins du jugement de ladite inſtance; auquel cas, il ne pourra entrer en taxe qu'un ſeul deſdits memoires de la part de chaque partie, & il n'y entrera, dans les inſtances d'évocation, reglement de juges, oppoſitions au titre, & autres matieres dont le fond ne doit pas eſtre jugé au Conſeil, que pour deux feuilles ou quatre rolles d'impreſſion : à l'égard des autres affaires, ledit memoire ſera taxé & reglé ſuivant leur importance, ſans qu'en aucun cas, il puiſſe entrer en taxe lorſqu'il ne contiendra que la copie des requeſtes ſignifiées en l'inſtance.

X X I V.

LES requeſtes, pieces & memoires cy-deſſus mentionnez, ne pourront eſtre ſignifiez dans les inſtances où il y aura pluſieurs parties, qu'à celles qui auront un intereſt oppoſé à celuy de la partie à la requeſte de laquelle la ſignification ſera faite, & non à celles qui n'auront que le meſme intereſt que ladite partie, ce qui ſera obſervé, à peine de nullité deſdites ſignifications.

X X V.

TOUTES les requeſtes qui ſeront preſentées au Conſeil, ſeront eſcrites correctement & liſiblement, & les concluſions que les parties prendront par icelles, ſeront tranſcrites de ſuite, ſans aucun blanc ni interligne, & les renvois, ſi aucuns y a, ne pourront eſtre eſcrits qu'à la ſuite & après les derniers mots deſdites concluſions, ſinon, il ne pourra eſtre ſtatué ſur ce qui ſera porté par leſdits renvois, qui ſeront reputez nuls & de nul effet.

X X V I.

LESDITES requeſtes ſeront eſcrites en demi-groſſe ſeulement, & chaque rolle contiendra au moins cinquante lignes, & chaque ligne douze ſyllabes au moins; ſinon, chaque rolle où il ſe trouvera moins de lignes & de ſyllabes, ſera rayé en entier : & ſi leſdits rolles ont eſté payez par la partie, elle pourra repeter contre ſon avocat ce qu'il aura reçû.

X X V I I.

DEFFENSES ſont faites aux avocats de faire dans leurs eſcritures, des digreſſions & repetitions inutiles, ou d'y tranſcrire en entier les pieces & les moyens auxquels ils reſpondront, à peine de reduction ou de radiation deſdites eſcritures.

X X V I I I.

LESDITS avocats s'abſtiendront pareillement avec ſoin, d'uſer de termes injurieux contre leurs parties ou contre leurs confreres, à peine de radiation deſdits termes, & de ſuppreſſion des escritures qui les contiendroient, comme aussi de telles reparations, & dommages & interests qu'il sera jugé à propos, mesme d'amende & d'interdiction, suivant l'exigence des cas.

X X I X.

LES copies signifiées des requestes, comme aussi les autres actes & procedures d'instruction, seront escrites lisiblement & correctement, en petite demi-grosse seulement; & seront lesdites copies conformes aux originaux, de quoy l'avocat demeurera responsable en son propre & privé nom.

X X X.

IL ne sera fait dans les instances pendantes au Conseil, aucunes autres procedures ou escritures, que celles qui sont prescrites par le present reglement; à l'effet de quoy, l'usage des appointemens, requestes verbales, procez-verbaux de referé, & autres concernant lesdits appointemens, des avertissemens, inventaires de production, contredits, salvations, dires, & autres escritures ou procedures cy-devant pratiquées, demeurera entierement abrogé; & toutes procedures à ce contraires seront regardées comme nulles & de nul effet, sauf à estre prononcé telles peines qu'il appartiendra, en cas de contravention.

TITRE V.

Des Forclusions.

ARTICLE PREMIER.

LA partie qui n'aura pas remis sa production au Greffe dans deux mois, à compter du jour de la signification de l'acte de produit de l'autre partie, contenant sommation de produire, demeurera de plein droit forclose de produire, en vertu de ladite sommation seulement, & sans qu'il puisse estre fait aucune autre sommation ni procedure, à peine de nullité.

I I.

LA partie qui aura acquis ladite forclusion, remettra au

fieur Rapporteur un certificat du Greffier, portant qu'il n'a
efté remis au Greffe pendant lefdits deux mois, aucune production de la part de l'autre partie; & huitaine après l'expiration dudit délay, elle pourra obtenir un arreft par forclufion,
qui fera rendu fur le vû de fa feule production, & dudit
certificat, fans qu'il puiffe eftre fait aucune autre efcriture, ou
procedure, le tout à peine de nullité.

I I I.

Les inftances qui feront jugées par forclufion, feront
rapportées au Confeil; & ce, après avoir efté préalablement
communiquées à l'affemblée des fieurs Maiftres des Requeftes
eftant en quartier audit Confeil.

I V.

Lorsque de plufieurs parties, contre lefquelles le jugement
d'une inftance fera pourfuivi, les unes auront produit, fans
que les autres l'ayent fait, l'inftance ne pourra eftre jugée contre
celles qui n'auront pas produit, que par l'arreft qui fera rendu
contradictoirement avec la partie qui aura produit.

V.

Les arrefts rendus par forclufion, auront le mefme effet
que s'ils avoient efté rendus contradictoirement, & les parties
forclofes ne pourront eftre reçûës à fe pourvoir contre leurs
difpofitions, par voye de reftitution ou d'oppofition, ni autrement que par la voye de la demande en caffation.

TITRE VI.

Des Communications des Productions ou des Inftances.

Article Premier.

Il ne fera donné aucune communication des pieces dont
les parties voudront fe fervir, avant qu'elles ayent donné
leur requefte, ou fait leur production, conformement à ce

qui eſt preſcrit dans le Titre IV. cy-deſſus; & l'uſage de communiquer auparavant leſdites pieces par originaux ou par copies, demeurera entierement abrogé à l'avenir; ce qui ſera obſervé, à peine de nullité de toutes les procedures qui pourroient eſtre faites pour raiſon de ladite communication.

I I.

LORSQUE les parties auront produit ou declaré par acte qu'elles n'ont rien à produire, leurs avocats pourront, toutes les fois qu'ils aviſeront bon eſtre, prendre communication des productions de l'inſtance, tant principales que nouvelles, entre les mains du ſieur Rapporteur; meſme y extraire ou tranſcrire telles pieces qu'ils jugeront à propos: le tout, ſans déplacer, ſans droits ni frais, & ſans retardation du jugement de l'inſtance.

I I I.

EN cas que leſdits avocats ayent beſoin de prendre chez eux en communication leſdites productions, ou meſme l'inſtance entiere, les pieces ne pourront leur eſtre remiſes que ſous un recepiſſé ſigné d'eux, contenant le jour auquel elles leur auront eſté confiées, & celuy auquel ils s'engageront de les rendre; ſinon ladite communication ne pourra leur eſtre accordée, ſous quelque pretexte que ce puiſſe eſtre.

I V.

LE terme dans lequel ladite inſtance ou ladite production devra eſtre renduë, ſera reglé par le ſieur Rapporteur, ſuivant la nature & les circonſtances de l'affaire; ſans néantmoins qu'il puiſſe exceder deux mois au plus pour l'inſtance entiere, & quinze jours pour une production nouvelle, qui auroit eſté faite depuis la communication de ladite inſtance; & où par erreur ou autrement, il auroit eſté obmis de fixer ledit terme, il ne pourra eſtre reputé que d'un mois pour l'inſtance entiere, & de huitaine pour ladite production nouvelle.

V.

FAUTE par l'avocat de rendre ladite inſtance ou ladite production, dans le temps porté par l'article precedent, il luy ſera fait une ſommation de la reſtituer dans le jour; & en cas

qu'il

qu'il n'y défere pas, il fera donné copie de ladite fommation au greffier des avocats au Confeil, par acte fignifié à la requefte de la partie; ce qui fera par elle dénoncé audit avocat, à ce qu'il n'en ignore, & ledit greffier fera tenu de remettre ladite fignification aux fyndics en charge defdits avocats, dans le jour mefme qu'elle luy aura efté faite.

<h2 style="text-align:center">V I.</h2>

LESDITS fyndics pourront prendre, au nombre de trois au moins, telle deliberation qu'ils jugeront neceffaire pour faire reftituer les pieces communiquées, dans les vingt-quatre heures, ou dans tel autre bref délay & fous telles peines qu'ils aviferont bon eftre, laquelle deliberation ne pourra eftre attaquée par oppofition, ni par appel.

<h2 style="text-align:center">V I I.</h2>

FAUTE par l'avocat de remettre lefdites pieces dans quin-zaine, à compter du jour de la dénonciation portée par l'ar-ticle V. cy-deffus, il pourra y eftre contraint, comme dépofitaire de juftice; & ce, en vertu du prefent reglement, & après un fimple commandement, fans qu'il foit befoin d'ordonnance ni d'arreft.

<h2 style="text-align:center">V I I I.</h2>

LES huiffiers du Confeil feront tenus, à la premiere requi-fition qui leur en fera faite par la partie, ou par le porteur de fa procuration, de faire les fommations, dénonciations, fignifications, commandemens & contraintes portez par les articles precedens, encore que lefdits actes ne fuffent fignez d'aucun avocat, pourvû toutesfois qu'ils le foient, tant en l'original qu'en la copie, par ladite partie, ou par le porteur de fa procuration : le tout à peine de cent cinquante livres d'amende envers Sa Majefté, & de cent cinquante livres envers la partie, mefme d'interdiction, s'il y efchet.

<h2 style="text-align:center">I X.</h2>

L'INSTANCE, ou les productions dont elle fera compofée, ne pourront eftre données aux avocats qu'une feule fois en communication; & le fieur Rapporteur pourra mefme la leur

G

refuser, lorfqu'ils auront negligé de la demander dans un temps convenable, & que ladite inftance fe trouvera en eftat d'eftre jugée; fauf à eux à prendre ladite communication ainfi qu'il eft porté par l'article II. cy-deffus.

X.

Il ne fera donné aucune communication des procedures criminelles, dont l'apport aura efté ordonné incidemment à une inftance ou à une requefte en caffation, ou en revifion.

TITRE VII.

De la maniere de pourvoir aux Incidens qui peuvent furvenir pendant le cours d'une Inftance.

ARTICLE PREMIER.

Il ne fera formé aucune demande incidente fur les qualitez generales & perfonnelles des parties, comme celle d'Efcuyer, ou autres femblables, ni pareillement fur celles qui n'auront rapport qu'au fonds de la conteftation pendante devant les Cours ou autres Juges, mais feront toutes lefdites qualitez cenfées prifes, fans préjudice des droits refpectifs des parties: & fera la prefente difpofition obfervée, à peine de nullité de toutes les procedures qui feroient faites pour raifon defdites qualitez.

I I.

Il ne fera pareillement formé aucune demande en payement des frais préjudiciaux pour des deffauts non jugez, lefquels frais feront payez fur une fimple fommation faite par l'avocat qui aura obtenu ledit deffaut, & ce, fur le pied feulement de neuf livres, y compris les frais de ladite fommation : & faute de payement de ladite fomme, il en fera delivré executoire, en vertu du prefent reglement, fans autre procedure, & fans qu'il foit befoin d'ordonnance ni d'arreft.

I I I.

LES demandes incidentes qui naiftront au fujet des qualitez prifes relativement à l'inftance qu'il s'agira d'inftruire, ou fur des demandes en defcharge d'affignation, ou afin d'obliger une partie à donner caution, ou à fe mettre en eftat, & autres de pareille qualité, fur lefquelles il fera neceffaire de ftatuer préalablement, feront formées par une requefte fommaire, qui fera remife au fieur Rapporteur de l'inftance; pour eftre par luy refponduë d'une ordonnance de foit communiqué à la partie, au domicile de fon avocat, pour y refpondre dans trois jours pour tout délay.

I V.

LE deffendeur fera tenu de refpondre à ladite requefte, dans les trois jours de la fignification qui luy en aura efté faite, finon il fera paffé outre au jugement de l'incident, fans fommation ni autre procedure, & fans qu'il puiffe eftre accordé aucun nouveau délay.

V.

CHACUNE defdites requeftes ne pourra contenir plus de fix rolles, & les parties ne pourront faire refpondre, ni fignifier aucune autre requefte ou efcriture fur ledit incident, à peine de nullité.

V I.

LESDITES requeftes, & les pieces y jointes, feront remifes au fieur Rapporteur, fans qu'il foit neceffaire de les produire au Greffe; & trois jours après que lefdites requeftes auront efté fignifiées, il fera ftatué par arreft fur ledit incident, fans aucune autre procedure; après néantmoins qu'il en aura efté communiqué aux fieurs Maiftres des Requeftes eftant en quartier au Confeil, à leur affemblée.

V I I.

LA partie qui aura deffendu au fond, en prenant des conclufions fur la demande principale, ne pourra plus eftre reçuë à former une demande en defcharge d'affignation.

V I I I.

LES demandes à fin d'apport de procedures, charges & informations, & autres pieces estant entre les mains de Greffiers ou dépositaires publics, seront formées par requeste en forme de vû d'arrest, qui sera remise au sieur Rapporteur de l'instance, ou à l'un des sieurs Maistres des Requestes, en cas qu'il n'y ait pas encore eu de Rapporteur commis, pour estre, à son rapport, statué sur lesdites demandes au premier Conseil, ainsi qu'il appartiendra.

I X.

TOUTE demande incidente dirigée contre une partie qui n'aura pas encore constitué avocat sur l'instance principale, ne pourra estre formée que par une requeste en forme de vû d'arrest, qui sera remise à l'un des sieurs Maistres des Requestes, pour estre, à son rapport, statué au premier Conseil sur ladite demande, ainsi qu'il appartiendra, ou estre ordonné qu'elle sera jointe à la demande principale.

X.

LES demandes en assistance de cause, en garentie, ou pour voir declarer un arrest commun, seront comprises dans les lettres ou arrests introductifs de l'instance à laquelle elles seront incidentes, lorsque ce sera l'impetrant qui voudra former lesdites demandes; & en cas qu'il ait negligé de le faire, il ne pourra plus y suppléer, que par une requeste en forme de vû d'arrest; & l'arrest qui sera rendu sur ladite requeste, ne sera accordé qu'avec la clause, *sans retardation du jugement de l'instance principale*, mesme, s'il y eschet, qu'à la charge que les frais dudit incident ne pourront estre repetez par la partie qui aura obtenu ledit arrest, quand elle obtiendroit par la suite une condamnation de despens dans l'instance principale.

X I.

LORSQUE ce sera la partie assignée en vertu desdites lettres, ou à qui lesdits arrests auront esté signifiez, qui voudra former les demandes portées par l'article precedent, elle ne le pourra faire qu'en vertu de lettres ou d'arrests, lesquels contiendront pareillement ladite claufe, *fans retardation du jugement de l'inftance principale.*

X I I.

CELUY qui aura obtenu les lettres ou arrefts mentionnez dans les trois articles precedens, fera tenu de les dénoncer aux autres avocats de l'inftance, avec les affignations données, ou les fignifications faites en conféquence; & ce, dans quinze jours au pluftard, à compter du jour de la derniere defdites affignations ou fignifications, mefme de leur declarer le nom de l'avocat des parties nouvellement appellées, s'il s'en eft prefenté pour deffendre à ladite demande.

X I I I.

LORSQUE les deffendeurs auxdites demandes fe feront prefentez, l'inftruction & la procedure fe feront à leur égard, ainfi qu'il a efté reglé à l'égard des parties de l'inftance.

X I V.

LORSQU'UNE partie voudra former incidemment oppofition à un arreft du Confeil, ou d'une Cour fupcrieure, ou à un jugement rendu en dernier reffort, dont on prétendra fe fervir contre elle; elle fera tenuë de la former, & de l'inftruire par les mefmes requeftes qu'elle prefentera pour l'inftruction de l'inftance principale, & non par une requefte particuliere; fi ce n'eft lorfque lefdits arrefts ou jugemens n'auront efté produits ou alleguez que depuis lefdites requeftes fignifiées; auquel cas, l'oppofition fera formée par une requefte en forme de vû d'arreft, qui fera remife au fieur Rapporteur de l'inftance, pour y eftre fait droit au premier Confeil, foit par jonction de l'oppofition à ladite inftance, foit par renvoy devant les juges qui doivent connoiftre de ladite oppofition, ou autrement, ainfi qu'il appartiendra.

X V.

EN cas que la jonction à l'inftance principale ait efté ordonnée par ledit arreft, le deffendeur à l'oppofition pourra donner une requefte pour y deffendre; & en cas que l'oppofant y ait refpondu par une autre requefte, il fera permis audit deffendeur d'en donner une feconde de fa part : le tout fans retardation du jugement de l'inftance, & fans qu'il puiffe eftre fait aucune autre procedure pour raifon dudit incident, à peine de nullité ; & chacune defdites requeftes ne pourra entrer en taxe pour plus de dix rolles.

XVI.

LES difpofitions des deux articles precedens auront pareillement lieu à l'égard des demandes en caffation de procedures attentatoires à l'authorité du Confeil, qui feroient formées dans le cours d'une inftance. Et ne pourront eftre compris dans lefdites demandes d'autres arrefts ou jugemens, que ceux qui auroient été rendus au préjudice de deffenfes faites par le Confeil, ni pareillement des procedures qui ne feroient que purement confervatoires, telles que de fimples faifies ou oppofitions pour deniers, des actes de reprife d'inftance, ou autres de femblable nature & qualité.

XVII.

LES demandes incidentes mentionnées dans les articles X. XIV. & XVI. cy-deffus, lorfqu'il n'efcherra pas d'en ordonner la jonction par arreft, fuivant ce qui eft porté par lefdits articles, demeureront jointes de plein droit à l'inftance principale, pour y eftre ftatué lors du jugement de ladite inftance, ainfi qu'il appartiendra, fans qu'il foit befoin d'ordonnance ou d'arreft de jonction, & fans que pour raifon defdites demandes incidentes, il puiffe eftre donné, refpondu ou fignifié aucunes autres requeftes ou efcritures, ni fait aucunes autres procedures que celles cy-deffus mentionnées, le tout à peine de nullité.

XVIII.

LES demandes en jonction ou disjonction de deux ou plufieurs inftances, feront formées, inftruites & jugées ainfi qu'il a efté cy-deffus reglé par les articles III. IV. V. & VI. pour les incidens qui doivent eftre jugez préalablement, ce qui aura lieu pareillement à l'égard des demandes en disjonction de demandes incidentes, jointes de droit ou par arreft à l'inftance principale.

X I X.

LES parties ne pourront eſtre aſſignées en repriſe d'inſtance, qu'en vertu de lettres ou d'arreſts obtenus à cet effet.

X X.

LA partie aſſignée en vertu deſdites lettres ou arreſts, ſera
tenuë de reprendre l'inſtance dans les délais qui y feront prefcrits, finon, il ſera paſſé outre au jugement d'icelle par deffaut
contre ladite partie, en cas que celuy qu'elle repreſente n'euſt
pas produit ni fait ſignifier ſa premiere requeſte avant ſon
décès; & en cas qu'il euſt produit ou fait ſignifier ladite
requeſte, ladite inſtance ſera jugée ſur la ſimple remiſe de
l'aſſignation au ſieur Rapporteur, ſans autre procedure ni
formalité, & l'arreſt qui interviendra ne pourra eſtre attaqué
que par la voye de la demande en caſſation.

X X I.

L'INSTANCE ſera tenuë pour repriſe avec la partie qui
aura eſté aſſignée pour la reprendre, en vertu du premier acte
qu'elle aura fait ſignifier dans ladite inſtance, ſans qu'il ſoit
neceſſaire d'une repriſe plus expreſſe; & en cas de conteſtation ſur ce ſujet, il y ſera pourvû dans la forme preſcrite par
les articles III. IV. V. & VI. cy-deſſus.

X X I I.

LA partie qui voudra reprendre une inſtance, ſans attendre qu'elle ſoit aſſignée à cet effet, ſera tenuë de le declarer
aux autres parties de l'inſtance par un ſimple acte qui vaudra
repriſe, après quoy elle procedera ſur ladite inſtance ſuivant
les derniers erremens.

X X I I I.

EN cas que le demandeur ſoit décedé avant que le deffendeur ait comparu, les héritiers, ſucceſſeurs ou ayans cauſe dudit demandeur, pourront obtenir un arreſt par deffaut contre
ledit deffendeur, en faiſant préalablement au Greffe un acte de
repriſe de la demande formée par celuy qu'ils repreſenteront,
ſans qu'il ſoit beſoin audit cas, de lettres ou arreſts, ni d'aucune autre procedure ou formalité.

XXIV.

ET où il se trouveroit que toutes les parties qui se sont présentées dans l'instance, seroient décedées, ceux qui voudront la reprendre, seront censez l'avoir reprise, sans aucun autre acte ni procedure, en obtenant des lettres ou un arrest pour obliger les héritiers des autres parties de l'instance à la reprendre.

X X V.

LES demandes en constitution de nouvel avocat, ne pourront estre formées que par lettres ou par arrest; & la partie qui aura esté assignée en vertu desdites lettres ou arrest, sera tenuë de constituer avocat dans les délais qui y sont portez; sinon il sera passé outre au jugement de l'instance sur la simple remise de ladite assignation au sieur Rapporteur, & l'arrest qui interviendra sera reputé contradictoire, en cas que la partie eust produit ou fait signifier sa premiere requeste avant le décès de son avocat, sinon, ledit arrest ne pourra estre rendu que par deffaut contre elle.

X X V I.

S'IL survient quelque difficulté sur ladite constitution de nouvel avocat, la contestation sera instruite & jugée comme les autres incidens préliminaires, ainsi qu'il a esté cy-dessus reglé par les articles III. IV. V. & VI.

X X V I I.

EN cas que pendant le cours d'une instance il ait esté ordonné qu'il sera procedé à des enquestes, ou qu'une partie sera tenuë de donner caution ou de faire une affirmation, comme aussi lorsqu'une partie voudra en faire interroger une autre sur faits & articles, ou faire proceder à la vérification ou collation de pieces, ou à d'autres actes de procedure de pareille nature & qualité, l'avocat qui poursuivra, prendra une ordonnance du Rapporteur, à l'effet de faire assigner les parties interessées, au domicile de leur avocat, pour comparoistre devant ledit sieur Rapporteur, dans le délay qui sera par luy prescrit, & estre procedé aux fins de ladite ordonnance.

XXVIII.

X X V I I I.

Si en procedant aux enqueftes, interrogatoires ou autres actes mentionnez en l'article precedent, il furvient quelque conteftation à l'occafion des affignations & procedures, il en fera par ledit Rapporteur dreffé procès-verbal, au pied duquel il les reglera fur le champ par fon ordonnance, ainfi qu'il appartiendra, fi ce n'eft qu'il juge à propos d'ordonner qu'il en fera par luy référé au premier confeil, auquel cas, après qu'il en aura efté communiqué à l'affemblée des fieurs Maiftres des Requeftes, le rapport en fera fait fur le contenu audit procès-verbal feulement, fans qu'il puiffe eftre fait aucunes inftructions, efcritures ou procedures à l'occafion dudit referé ; le tout à peine de nullité.

X X I X.

Les procez-verbaux, enqueftes, interrogatoires, ou autres actes de pareille nature, qui feront faits dans les cas portez par les deux articles precedens, feront efcrits lifiblement en demi-groffe feulement, & chaque rolle contiendra cinquante lignes, & chaque ligne douze fyllabes, à peine de radiation, & de privation des droits fixez par le tarif porté au Titre X V I. cy-deffous, pour les clercs des fieurs Rapporteurs.

X X X.

Lorsque par des arrefts rendus contradictoirement fur la conteftation principale, il aura efté ftatué par deffaut fur les demandes incidentes, lefdites demandes feront reputées jugées contradictoirement, fans que les parties foient reçûës à fe pourvoir par oppofition contre lefdits arrefts, fous pretexte qu'elles n'ont pas deffendu à la demande incidente ; ce qui fera obfervé à peine de nullité.

X X X I.

En cas que les parties veuillent former pendant le cours d'une inftance, & incidemment à icelle, d'autres demandes que celles dont il a efté fait mention dans le prefent Titre, elles ne pourront fe pourvoir que par requefte en forme de vû d'arreft, qui fera remife au fieur Rapporteur de ladite inftance, pour y

H

eftre, à fon rapport, ftatué par arreft, ainfi qu'il appartiendra.

TITRE VIII.

Des Interventions.

ARTICLE PREMIER.

CEUX qui voudront intervenir dans une inftance, ne pourront fe pourvoir que par une requefte en forme de vû d'arreft, qui contiendra les conclufions qu'ils entendent prendre en ladite inftance, fans qu'ils puiffent fe referver de les prendre après qu'ils auront eu communication de ladite inftance; & ladite requefte fera employée avec les pieces y jointes, pour efcritures & productions.

I I.

LA requefte d'intervention fera remife au fieur Rapporteur de l'inftance, s'il y en a un, finon à un des fieurs Maiftres des Requeftes, pour y eftre, à fon rapport, pourvû par arreft, ainfi qu'il appartiendra.

I I I.

LORSQUE l'inftance principale fe trouvera avoir déja efté communiquée à des Commiffaires du Confeil, ou à l'affemblée des fieurs Maiftres des Requeftes eftant en quartier au Confeil, dans le temps que la requefte d'intervention fera remife au fieur Rapporteur, il ne pourra y eftre ftatué qu'après que ladite requefte aura efté communiquée auxdits fieurs Commiffaires, ou auxdits fieurs Maiftres des Requeftes.

I V.

EN cas qu'il y ait lieu d'avoir égard à l'intervention, il fera ordonné par l'arreft qui recevra la partie intervenante, qu'il fera fait droit fur le furplus de fa demande, ainfi qu'il appartiendra, en jugeant l'inftance principale.

V.

LEDIT arreft fera fignifié aux avocats de toutes les parties de l'inftance, & remis au Greffe, avec les pieces y jointes, trois jours après ladite fignification, finon, ledit arreft fera regardé comme non avenu, & il fera paffé outre au jugement de ladite inftance.

V I.

E n cas que l'une des parties de l'inftance forme oppofition audit arreft, & prétende qu'il n'y a pas lieu de recevoir l'intervention, ledit incident fera inftruit ainfi qu'il a efté reglé par les articles III. IV. V. & VI du Titre vii. pour les Incidens préliminaires.

V I I.

L o r s q u' i l n'y aura pas de conteftation fur l'arreft qui aura reçû l'intervention, l'inftruction fera faite à l'égard de la partie intervenante, fuivant ce qui a efté reglé dans le Titre iv. cy-deffus, à l'égard des autres parties de l'inftance; fi ce n'eft que lefdites parties n'euffent aucun moyen particulier à adjoufter à ceux dont elles fe font fervies dans l'inftance principale : auquel cas, elles ne pourront donner aucunes requeftes particulieres, au fujet de ladite intervention, fauf à employer, pour y deffendre, ce qu'elles ont efcrit ou produit en ladite inftance, par les requeftes qu'elles y ont données, lefquelles ne pourront eftre fignifiées à l'intervenant, en aucun cas; fauf à luy à en prendre communication entre les mains du fieur Rapporteur, le tout à peine de nullité defdites requeftes & fignifications.

T I T R E IX.

Des Defaveux.

A r t i c l e P r e m i e r.

L a partie qui voudra former un defaveu au Confeil, fera tenuë de configner préalablement, pour fûreté des dommages & interefts des autres parties, la fomme de cent cinquante livres, entre les mains du Greffier du Confeil, qui s'en chargera fans droits ni frais, pour eftre, après le jugement du defaveu, ladite fomme delivrée, auffi fans frais, à qui il appartiendra.

H ij

I I.

La permiſſion de former ledit defaveu, ſera demandée par une requeſte en forme de vû d'arreſt, ſignée de l'avocat & de la partie meſme, ou du porteur de ſa procuration ſpeciale, paſſée devant notaires, dont il reſtera minute, à laquelle requeſte ſeront jointes la quitance de conſignation & une expedition de ladite procuration : le tout à peine de nullité.

I I I.

Ladite requeſte & les pieces y jointes ſeront remiſes au ſieur Rapporteur de l'inſtance, pour y eſtre, à ſon rapport, ſtatué par arreſt au premier conſeil, ainſi qu'il appartiendra.

I V.

S'il n'y a pas lieu d'accorder la permiſſion de former le defaveu, il ſera ordonné que, ſans s'arreſter à ladite requeſte, il ſera paſſé outre au jugement de l'inſtance, & que la ſomme de cent cinquante livres conſignée par le demandeur, ſera remiſe & delivrée aux autres parties par le Greffier entre les mains duquel ladite ſomme aura eſté conſignée ; ce qui ſera executé, quand meſme il auroit eſté obmis d'y prononcer.

V.

Pourra néantmoins eſtre ordonné, s'il y eſchet, que ladite requeſte demeurera jointe à l'inſtance, pour y eſtre fait droit lors du jugement d'icelle ; auquel cas, il ne pourra eſtre fait aucunes eſcritures ni procedures ſur le defaveu juſqu'audit jugement.

V I.

En cas que le defaveu paroiſſe meriter d'eſtre inſtruit, il ſera ordonné que le demandeur ſera tenu de le former dans les vingt-quatre heures, ainſi qu'il ſera preſcrit cy-après, ſinon qu'il ſera paſſé outre au jugement de l'inſtance.

V I I.

Dans les cas où le defaveu concernera des procedures faites ailleurs qu'au Conſeil, l'inſtruction en pourra eſtre ren-voyée, s'il y eſchet, devant les juges ordinaires, pour y eſtre ſtatué dans le délay qui ſera preſcrit, après lequel, ſur le vû dudit jugement, ou faute de le rapporter, il fera paſſé outre au jugement de l'inſtance pendante au Conſeil, ainſi qu'il appartiendra.

V I I I.

LORSQUE la permiſſion de former le deſaveu au Conſeil, aura eſté accordée, ledit deſaveu ſera fait au Greffe, par un acte ſigné de la partie meſme, ou du porteur de ſa procuration, & ce, dans trois jours à compter de la date de l'arreſt qui en aura accordé la permiſſion; ſinon ledit deſaveu ne pourra plus eſtre formé, & la ſomme de cent cinquante livres demeurera acquiſe à la partie, ainſi qu'il a eſté dit cy-deſſus.

I X.

L'ARREST qui aura accordé la permiſſion de former le deſaveu, ſera ſignifié à la perſonne deſavouée, à ſon domicile, & ladite ſignification vaudra ſommation de deffendre audit deſaveu; ſans qu'il puiſſe eſtre donné aucune aſſignation, ni fait aucune ſommation ni autre procedure : & copie ſera donnée par le meſme exploit, de l'acte de deſaveu, & de la procuration, s'il a eſté ſigné par procureur; ſinon il ſera paſſé outre au jugement de l'inſtance, comme ſi le deſaveu n'avoit pas eſté formé, & la ſomme conſignée demeurera acquiſe à la partie, ainſi qu'il a eſté cy-deſſus reglé.

X.

LA ſignification portée par l'article precedent, ſera faite dans la quinzaine à compter du jour de la date de l'arreſt, ſi la perſonne deſavouée eſt domiciliée dans le lieu où ſe fera la procedure du conſeil, ou dans les délais marquez au Titre des aſſignations, ſi elle eſt domiciliée hors dudit lieu; ſinon il ſera paſſé outre au jugement de ladite inſtance, comme ſi le deſaveu n'avoit pas eſté formé: & faute par le demandeur de juſtifier deſdites ſignifications, à la premiere requiſition qui luy en ſera faite par les autres parties de l'inſtance, il ne ſera plus recevable à pourſuivre le jugement du deſaveu, & la ſomme par luy conſignée demeurera acquiſe à la partie dans l'un & l'autre cas, ainſi qu'il a eſté dit cy-deſſus.

X I.

LEDIT arreſt ſera pareillement ſignifié aux autres parties de l'inſtance, au domicile de leurs avocats, dans ledit délay de quinzaine, & dans la forme portée par l'article IX. cy-deſſus; le tout ſous les peines preſcrites par l'article precedent.

X I I.

LA perſonne deſavouée ſera tenuë de fournir de deffenſes au deſaveu, dans huitaine pour tout délay, à compter du jour de la ſignification à elle faite dudit arreſt, ſi elle eſt domiciliée dans le lieu où ſe fera la procedure du Conſeil, ou du jour de l'expiration des délais marquez au Titre des aſſignations, ſi elle eſt domiciliée ailleurs.

X I I I.

ET à l'égard des parties de l'inſtance auxquelles ledit arreſt aura eſté ſignifié, elles ſeront pareillement tenuës de deffendre audit deſaveu, dans ledit délay de huitaine, à compter du jour de ladite ſignification.

X I V.

LES deffenſes de chacune des parties mentionnées dans les deux articles precedens, ſeront contenuës dans une ſeule requeſte, qui ſera remiſe au ſieur Rapporteur de l'inſtance, avec les pieces y jointes, pour eſtre par luy reſponduë d'une ordon-nance, en jugeant & ſoit ſignifié au demandeur au domicile de ſon avocat, pour y reſpondre dans trois jours pour tout délay; & leſdites requeſtes & ordonnances ſeront ſignifiées dans les délais preſcrits par leſdits deux articles precedens, ſinon il ſera paſſé outre au jugement du deſaveu, ſans ſommation ni autre procedure.

X V.

LE demandeur en deſaveu pourra reſpondre auxdites requeſtes par une ſeule requeſte, qui ſera ſignifiée auxdites parties dans trois jours au pluſtard, à compter du jour de la ſignification de leurs requeſtes, ſinon il ſera paſſé outre au jugement du deſaveu, ſans ſommation ni autre procedure.

X V I.

LES requeftes données par les parties pour l'inftruction du defaveu, ne pourront exceder fix rolles; & il ne fera fait, pour raifon dudit incident, aucunes autres efcritures ni procedures que celles cy-deffus prefcrites, à peine de nullité.

X V I I.

LE demandeur en defaveu, qui fuccombera en définitive, fera condamné en trois cens livres de dommages & interefts, y compris les cent cinquante livres confignées, fçavoir, cent cinquante livres envers la perfonne defavouée, & cent cinquante livres envers les autres parties de l'inftance; fauf à augmenter ladite condamnation, s'il y efchet.

TITRE X.

Du faux Incident aux inftances pendantes au Confeil.

ARTICLE PREMIER.

LA partie qui voudra obtenir la permiffion de s'infcrire en faux contre une piece produite dans une inftance, fera tenuë de prefenter à cet effet une requefte en forme de vû d'arreft, & de configner préalablement l'amende de cent livres, en fe conformant au furplus à ce qui eft prefcrit par les articles III. VI. & VII. du Titre du faux Incident de l'ordonnance du mois de juillet 1737. & fera ladite requefte remife au fieur Rapporteur de ladite inftance, avec la quitance de confignation de ladite amende, pour en eftre fait rapport au premier Confeil.

I I.

LA permiffion de s'infcrire en faux, ne pourra eftre accordée que par arreft deliberé au Confeil; & lorfqu'elle l'aura efté, le demandeur fera tenu d'obferver tout ce qui eft porté par les articles VIII. IX. X. & XI. dudit Titre de ladite ordonnance;

& notamment par rapport à la ſommation qui doit eſtre faite au deffendeur, de declarer s'il entend ſe ſervir de la piece arguée de faux, laquelle ſommation luy ſera faite au domicile de ſon avocat au Conſeil.

I I I.

EN cas que le deffendeur declare qu'il n'entend pas ſe ſervir de ladite piece, ou faute par luy de faire ſa declaration ainſi qu'il eſt porté par ledit article XI. le demandeur en faux pourra ſe pourvoir par requeſte en forme de vû d'arreſt, à l'effet de faire ordonner que la piece maintenuë fauſſe, ſera rejettée de l'inſtance par rapport au deffendeur; ſauf, s'il y a lieu de proceder par voye d'accuſation de faux principal, à y eſtre pourvû ainſi qu'il appartiendra; auquel cas, le jugement de ladite inſtance ne pourra eſtre differé, ſi ce n'eſt que le Conſeil en euſt ordonné autrement; le tout ainſi qu'il eſt preſcrit par les articles XII. XIII. & XIX. dudit Titre.

I V.

SI le deffendeur declare qu'il veut ſe ſervir de ladite piece, il ſera rendu arreſt ſur ſa requeſte ou ſur celle du demandeur, portant que les parties ſe pourvoiront aux Requeſtes de l'Hoſtel, pour y eſtre ladite piece arguée de faux, dépoſée au Greffe dans les vingt-quatre heures, à compter du jour de la ſignification dudit arreſt, & eſtre au ſurplus l'inſcription de faux formée, & ledit incident inſtruit & jugé dans la forme preſcrite par ladite ordonnance du mois de juillet 1737. après quoy, & le jugement dudit incident rapporté, il ſera paſſé outre au Conſeil, au jugement de l'inſtance principale.

V.

N'ENTEND néantmoins Sa Majeſté empeſcher que dans les inſtances d'évocation ou de reglement de juges, où la piece arguée de faux, dont le deffendeur aura declaré vouloir ſe ſervir, ſe trouveroit entierement inutile au jugement deſdites inſtances, il ne puiſſe eſtre ordonné qu'il ſera paſſé outre au jugement d'icelles; ſans prejudice au demandeur en faux, d'en pourſuivre, ſi bon luy ſemble, l'inſtruction & le jugement en

tel

tel Tribunal qu'il appartiendra, à l'effet de quoy les parties y feront renvoyées.

V I.

LE demandeur en faux, qui fuccombera, fera condamné en trois cens livres d'amende, y compris les cent livres confignées; laquelle amende fera appliquée & reglée conformement à ce qui eft prefcrit par les articles XLIX. L. & LI. du Titre du faux Incident de ladite ordonnance du mois de juillet 1737.

T I T R E   X I.

Des Recufations.

A R T I C L E   P R E M I E R.

LES recufations ne pourront eftre formées au Confeil, que par une requefte en forme de vû d'arreft : deffenfes font faites aux parties, de former lefdites recufations par aucun acte particulier, à peine de cinq cens livres d'amende, mefme de telle reparation ou condamnation de dommages & interefts qu'il appartiendra, fuivant l'exigence des cas.

I I.

LADITE requefte fera remife à Monfieur le Chancelier, qui en chargera celuy des fieurs Maiftres des Requeftes qu'il jugera à propos de choifir, pour en faire le rapport au Confeil.

I I I.

IL ne fera fait aucune fignification de ladite requefte, mais elle fera feulement communiquée par le fieur Rapporteur à celuy qui aura efté recufé, pour eftre par luy fait fa declaration fur les moyens de recufation; à l'effet de quoy, il fera entendu au Confeil avant le jugement de la recufation, fans autre formalité, & fans qu'il puiffe eftre fait à ce fujet aucune procedure, à peine de nullité.

I V.

CELUY dont les recufations auront efté declarées impertinentes & inadmiffibles, ou qui en aura efté débouté faute de preuve, fera condamné en deux cens livres d'amende, moitié envers Sa Majefté, & moitié envers les parties de l'inftance : & fera ladite amende acquife de plein droit, en quelques termes que l'arreft foit conçû, & quand mefme il auroit efté obmis d'y prononcer, fans qu'en aucun cas, elle puiffe eftre remife ni moderée, & fauf à l'augmenter, s'il y efchet.

V

LES difpofitions du Titre XXIV. de l'Ordonnance du mois d'avril 1667. feront au furplus obfervées au Confeil, felon leur forme & teneur, à l'égard des recufations qui y feront formées.

TITRE XII.
Des Appels des Ordonnances des fieurs Rapporteurs.

ARTICLE PREMIER.

LES appellations des ordonnances des fieurs Rapporteurs, feront portées devant les fieurs Maiftres des Requeftes eftant en quartier aux Requeftes de l'Hoftel ; & elles ne pourront eftre reçûës, fi elles n'ont efté interjettées dans la huitaine du jour de la fignification defdites ordonnances à l'avocat de l'appellant : deffenfes font faites audit avocat, de figner aucun acte d'appel defdites ordonnances, après ledit délay, à peine de nullité dudit appel, & des procedures qui feroient faites en confequence.

II.

LESDITES appellations feront interjettées par de fimples actes, fans qu'il foit befoin de les relever par lettres ou par jugement defdits fieurs Maiftres des Requeftes ; & feront lefdits actes fignez, tant fur l'original, que fur la copie, par l'avocat de l'appellant : deffenfes font faites aux huiffiers, d'en fignifier aucuns, ou d'en laiffer copie, fans ladite fignature, à peine de nullité de la fignification, & de cent livres d'amende.

III.

LESDITS actes ne pourront eftre fignifiez, fi l'appellant

n'a préalablement configné la fomme de douze livres, pour
l'amende envers Sa Majefté; & fera à cet effet, la quitance de
confignation, attachée à l'acte d'appel, & fignifiée avec ledit
acte, à peine de nullité : deffenfes font faites aux huiffiers,
d'en fignifier aucun fans ladite quitance, à peine de vingt
livres d'amende.

I V.

Sur la requefte qui fera prefentée par l'appellant ou par
l'intimé, lefdites appellations feront plaidées à l'audience defdits
fieurs Maiftres des Requeftes, en la maniere accouftumée ; fi
ce n'eft, lorfque le Confeil fe tiendra ailleurs qu'à Paris ou à
Verfailles, dans d'autres lieux où Sa Majefté fera fon fejour :
auquel cas, elles feront plaidées pardevant les fieurs Maiftres
des Requeftes qui fe trouveront alors à la fuite du Confeil, en
nombre fuffifant pour y ftatuer.

V.

L'appellant qui fuccombera dans fon appel, de quelque
maniere que la prononciation foit conçûë, fera condamné
en l'amende de foixante-quinze livres envers Sa Majefté, fi
ce n'eft que les fieurs Maiftres des Requeftes, pour de bonnes
confiderations, jugeaffent à propos de la moderer ; fans néantmoins qu'audit cas, elle puiffe eftre reduite au-deffous de douze
livres : & fi ledit appellant fe défifte de fon appel, l'amende par
luy confignée demeurera acquife au profit de Sa Majefté.

TITRE XIII.

De la maniere de proceder aux Jugemens,
& de l'expedition des Arrefts.

Article Premier.

Le jugement de l'inftance qui fera inftruite & en eftat
d'eftre jugée, ne pourra eftre differé par la mort des parties
ou de leurs avocats, ou fous prétexte de conftitution d'un

nouvel avocat : & feront au furplus obfervées au Confeil les difpofitions des articles II. III. & IV. du Titre XXVI. de l'Ordonnance du mois d'avril 1667.

II.

LES arrefts feront rédigez par les fieurs Rapporteurs, auffi-toft qu'ils auront efté rendus, pour eftre fignez & remis au Greffe le jour du Confeil fuivant.

III.

LE vû de l'arreft contiendra les noms & les qualitez prifes par les parties dans les actes & exploits introductifs de l'inftance, les demandes & conclufions portées par leurs requeftes, avec un extrait fommaire des pieces y jointes : & ne pourront les fieurs Rapporteurs recevoir lefdites qualitez & vûs d'arrefts, des mains des parties, ou de leurs avocats, mais feront tenus de les faire faire par leurs clercs, & de les revoir exactement.

IV.

LE difpofitif de l'arreft fera efcrit en entier, de la main du fieur Rapporteur, & l'arreft fera figné par Monfieur le Chancelier & par ledit fieur Rapporteur.

V.

LORSQUE l'affaire jugée aura efté examinée avant le rapport au Confeil, par des Commiffaires, ou par les fieurs Maiftres des Requeftes, à leur affemblée, le fieur Rapporteur fera tenu de leur communiquer l'arreft qu'il aura rédigé, pour eftre enfuite figné par ceux d'entre eux qui auront affifté au rapport de l'affaire au Confeil, avant qu'il foit prefenté à Monfieur le Chancelier pour le figner.

VI.

LA minute de l'arreft fera remife par le fieur Rapporteur au Greffier du Confeil, pour eftre ledit arreft expedié à la premiere requifition des parties : & ne pourra ledit Greffier fe deffaifir de ladite minute, à peine d'interdiction, & de demeurer refponfable des dommages & interefts des parties.

VII.

LES expeditions des arrefts feront efcrites en demi-groffe,

lifiblement & correctement, & chaque rolle contiendra au moins cinquante lignes, & chaque ligne douze fyllabes, à peine de privation des droits dûs pour ladite expedition, même de plus grande peine, s'il y efchet. Deffenfes font faites aux commis du Greffe, de contrevenir à la prefente difpofition, comme auffi d'exiger d'autres ni plus grands droits que ceux qui font bien & düëment eftablis, & dont il fera fait inceffamment un nouveau tarif: ce qui fera obfervé, à peine de reftitution du quadruple, & de telle autre condamnation qu'il appartiendra, fuivant l'exigence des cas.

V I I I.

Le Greffier fera tenu d'apporter à Monfieur le Chancelier, le lendemain de chaque Confeil, un extrait de fon plumitif, figné de luy, qui contiendra les inftances qui auront efté rapportées audit Confeil, les noms des parties & de leurs avocats, ceux des Rapporteurs, & ce qui aura efté décidé fur chaque affaire.

I X.

Aucun arreft du Confeil ne pourra eftre mis à execution contre une partie, s'il n'a efté préalablement fignifié à l'avocat au Confeil qui aura occupé pour elle en l'inftance jugée par ledit arreft; & ce, quand mefme il auroit efté fignifié à ladite partie, à perfonne ou domicile: ce qui aura lieu, à peine de nullité de toutes les procedures & executions qui pourroient eftre faites avant la fignification de l'arreft audit avocat.

X.

En cas néantmoins que ledit avocat fuft décedé, avant que l'arreft euft efté mis à execution, celuy qui l'aura obtenu, pourra le faire executer, en confequence de la feule fignification faite à la partie, à fon domicile, fans qu'il foit néceffaire d'attendre que ladite partie ait conftitué un nouvel avocat, ou de faire aucunes pourfuites pour l'obliger à en conftituer.

TITRE XIV.

De la remise des Productions au Greffe.

ARTICLE PREMIER.

DANS toutes les affaires qui feront portées au Confeil, lorfque l'inftance aura efté jugée, & l'arreft figné, les clercs des fieurs Rapporteurs feront tenus de remettre au Greffe dans huitaine pour tout délay, fans en eftre requis, & fans frais, ni autres droits, que ceux qui feront cy-après reglez, toutes les requeftes, pieces & productions, tant principales que nouvelles de l'inftance, defquelles le Greffier fera tenu de leur donner une defcharge valable; le tout fans droits ni frais.

I I.

FAUTE par lefdits clercs de remettre lefdites requeftes, pieces & productions, dans ledit délay, ils pourront y eftre contraints, mefme par corps, à la requefte des parties, après une fimple fommation; & ils demeureront en outre, eux, leurs héritiers, ou ayans caufe, garants & refponfables envers lefdits avocats, pendant trente ans, de la perte defdites requeftes, pieces & productions, & des dommages & interefts qui en pourroient refulter.

I I I.

EN cas que les avocats des parties n'ayent pas fait les diligences neceffaires pour obliger lefdits clercs des fieurs Rapporteurs, à remettre au Greffe lefdites requeftes, pieces & productions, ils demeureront, eux, leurs héritiers, ou ayans caufe, garants & refponfables en leur propre & privé nom, envers leurs parties, pendant trente ans, de la perte defdites requeftes, pieces & productions, & des dommages & interefts qui en pourroient refulter.

I V.

LES avocats qui auront retiré du Greffe les productions faites par leurs parties, dans les inftances jugées, en demeureront deſchargez envers leſdites parties, aprés cinq ans, à compter du jour qu'ils auront retiré leſdites productions du Greffe; ſans qu'aprés ledit délay leurs veuves, héritiers, ou ayans cauſe, puiſſent eſtre recherchez à ce ſujet, ſous quelque pretexte que ce puiſſe eſtre.

V.

DANS les cas où il y aura changement de Rapporteur, les diſpoſitions des trois premiers articles du preſent Titre ſeront obſervées pour la remiſe des requeſtes, pieces & productions des inſtances qui n'auront pas eſté jugées; ſans néantmoins que les clercs des ſieurs Rapporteurs, auxquels il en aura eſté ſubrogé de nouveaux, puiſſent exiger, en ce cas, aucuns droits ni frais, pour remettre leſdites requeſtes, pieces & productions au Greffe.

TITRE XV.

Des Voyages, Sejours, & Retours.

ARTICLE PREMIER.

LA partie qui aura obtenu une condamnation de deſpens, pourra, lors de la liquidation d'iceux, faire taxer à ſon profit, les ſommes qui ſeront reglées cy-aprés pour les voyages, ſejours & retours qu'elle aura faits à la ſuite du Conſeil pour la pour-ſuite du jugement de l'inſtance.

I I.

LORSQUE la partie n'ayant pû venir à la ſuite du Conſeil, y aura envoyé ſa femme, ou un de ſes enfans, pour y ſolliciter le jugement de l'inſtance, leurs voyages, ſejours & retours, pour-ront pareillement entrer en taxe au profit de ladite partie, ſans que, pour raiſon de ce, ils ayent beſoin d'aucune procuration.

I I I.

ENTRERONT pareillement en taxe, les voyages, ſejours & retours que tout autre particulier envoyé par la partie, aura faits pour raiſon de ladite inſtance; pourvû toutesfois qu'il rapporte u ne procuration fpeciale de ladite partie, paffée devant notaire, contenant le nom, la qualité & la demeure dudit procureur, la caufe & le fujet de fon voyage & fejour, fi c'eft à l'occafion d'une ou plufieurs affaires, le nombre & la nature defdites affaires: autrement les voyages, fejours, & retours defdits particuliers ne pourront eftre employez en taxe.

I V.

NE feront néantmoins obligez les députez des chapitres, corps ou communautez ecclefiaftiques ou feculieres, dans le cas de l'article precedent, de rapporter une procuration paffée devant notaire, pourvû qu'ils foient fuffifamment authorifez par une déliberation de leur chapitre, corps ou communauté, qui contienne ce qui eft porté par ledit article.

V.

CELUY qui voudra eftre rembourfé des frais d'un voyage, fejour & retour, fera tenu de dénoncer fon arrivée aux autres avocats de l'inftance, par un acte figné de luy & de fon avocat, tant fur l'original que fur chacune des copies de l'acte; ce qui fera pareillement executé par celuy qu'il aura envoyé à fa place, lequel fera tenu de donner en mefme temps copie de la procuration ou déliberation mentionnée dans les deux articles precedens, le tout à peine de nullité: & n'entrera aucun fejour en taxe, s'il n'en a efté fait un acte de dénonciation en la forme reglée par le prefent article.

V I.

SI depuis la dénonciation du fejour, la partie, ou celuy qu'elle aura envoyé, quittent la fuite du Confeil avant le jugement de l'inftance, leur départ fera declaré par un nouvel acte, à peine de privation du fejour fait auparavant; & en cas de retour, il en fera fait une nouvelle dénonciation, finon, le fecond fejour ne pourra entrer en taxe: & feront lefdits actes de départ & de retour, faits & fignifiez en la forme prefcrite par l'article precedent.

V I I.

LORSQU'IL fera procedé à la taxe, celuy qui aura fait le
fejour,

ſejour, ſera tenu d'affirmer en perſonne pardevant le ſieur Rapporteur, tout ce qui aura eſté employé dans les actes de ſejour, procurations & déliberations cy-deſſus mentionnées, en faiſant ſeulement ſommer préalablement l'avocat de ſa partie, de ſe trouver du jour au lendemain devant le ſieur Rapporteur de l'inſtance jugée, pour voir faire ladite affirmation, de laquelle il luy ſera donné acte au pied de ladite ſommation, ſans qu'il ſoit beſoin de faire commettre de nouveau ledit ſieur Rapporteur, ni de prendre ſon ordonnance.

V I I I.

Lorsque l'inſtance ſera jugée, la partie, ou celuy qu'elle aura envoyé, qui voudront s'en retourner avant la taxe des deſpens, ſeront tenus de faire, avant leur départ, leur affirmation en la forme preſcrite par l'article precedent ; & en cas qu'ils s'en fuſſent retournez avant le jugement de l'inſtance, ils envoyeront une procuration paſſée devant notaire, pour faire ladite affirmation à leur place, avant que les deſpens ſoient taxez ; le tout à peine de privation deſdits voyages, ſejour & retour.

I X.

S'il eſt prouvé avant l'affirmation, que la partie, ou celuy qu'elle aura envoyé, ſoient venus pour la pourſuite de pluſieurs affaires, ſoit au Conſeil, ou en autre juriſdiction, la taxe du voyage & du ſejour ſera réduite ſuivant le nombre des affaires & le temps qu'elles auront duré.

X.

En cas qu'il ſoit juſtifié ſuffiſamment que le contenu en l'acte de ſejour, procuration ou déliberation cy-deſſus men-tionnées, & dans l'acte d'affirmation, ne ſoit pas veritable en tout, ou meſme en partie, ladite partie, ou celuy qu'elle aura envoyé, ſeront privez de tout voyage, ſejour & retour ; & il ſera ordonné par le ſieur Maiſtre des Requeſtes qui fera ladite taxe, qu'il en fera par luy referé au Conſeil ; & ledit deman-deur y ſera condamné, s'il y eſchet, en trois cens livres d'amende envers Sa Majeſté, & en tels dommages & intereſts qu'il appar-tiendra, envers la partie, meſme en plus grande peine, ſelon l'exigence des cas; & ce, fur le vû du procès-verbal dudit fieur Rapporteur, fans autres efcritures ni procedures au fujet dudit referé.

X I.

IL ne pourra eftre taxé plus de trois mois de fejour pour chaque inftance, fi ce n'eft qu'il fuft intervenu en icelle, des arrefts interlocutoires, ou de retention du fond; auquel cas, il pourra eftre taxé un fecond fejour de trois mois, à compter du jour defdits arrefts: & ne feront compris, en aucun cas, dans lefdits fejours, le temps du voyage ni celuy du retour.

X I I.

DANS les inftances qui auront efté introduites par affignation, le fejour pourra commencer à courir du jour de la fignification de l'acte de prefentation de l'avocat du deffendeur; dans celles qui auront efté introduites par arreft de foit communiqué, du jour du premier acte fignifié par l'avocat du deffendeur; & dans les inftances d'oppofition au titre, ou à des arrefts du Confeil, qui auront efté introduites par fimples requeftes, du jour de la fignification defdites requeftes, fans néantmoins qu'il puiffe eftre accordé aucun fejour avant l'acte de dénonciation, porté par l'article V. cy-deffus.

X I I I.

IL ne fera taxé à la partie, aucun voyage, fejour ni retour, pour eftre venuë ou avoir envoyé à la fuite du Confeil, depuis l'arreft adjudicatif des defpens, à l'effet de proceder à ladite taxe.

X I V.

IL ne pourra eftre fait, au fujet defdits voyages, fejours & retours, ni de la taxe d'iceux, aucune autre procedure que celle qui a efté cy-deffus prefcrite, à peine de nullité.

X V.

LES voyages & fejours feront taxez felon les qualitez des parties, ainfi qu'il fuit, fçavoir:

A un Archevefque, quinze livres, cy . . . . . . 15.

A un Evefque, douze livres, cy . . . . 12.

A un Abbé commendataire ou regulier, fept

livres dix fols, cy 7.ˡ 10.ˢ

A un Doyen, Prevoſt, Archidiacre, ou autre dignitaire d'une égliſe cathedrale, ſix livres, cy . . 6.

A un Chanoine d'égliſe cathedrale, & à un Doyen ou autre dignitaire d'égliſe collegiale, cinq livres, cy . 5.

A un Chanoine de collegiale, à un Prieur ou Religieux, & à un Curé de ville murée, quatre livres, cy . . . . 4.

Aux Curez des autres lieux, & autres Preſtres, trois livres, cy . . . . 3.

Aux Princes, Ducs & Pairs, & Mareſchaux de France, ne ſera taxé que pour le voyage d'un Eſcuyer, à ſix livres par jour, pour apporter les pieces, ſelon la diſtance des lieux, lorſqu'il s'agira des droits de leurs terres, ſix livres, cy . . . . . . 6.

A un Chevalier des deux Ordres du Roy, quinze livres, cy . . . . 15.

A un Marquis, Comte ou Baron, ayant lettres d'érection de terre enregiſtrées, dix livres, cy . . . 10.

A un Lieutenant general des armées du Roy, dix livres, cy . . . . 10.

A tous autres Officiers de Cavalerie, d'Infanterie ou de Marine, & à un Chevalier de l'Ordre de Saint-Louis, ſix livres, cy . . . . 6.

A un Capitaine, Lieutenant ou Enſeigne, reformez, & à un Chevalier des Ordres de Saint-Michel ou de Saint-Lazare, quatre livres, cy . . . . 4.

A un Gentilhomme, ſix livres, cy . . . . 6.

A un Preſident de Cour ſuperieure, douze livres, cy . . . . 12.

A un Conſeiller, Avocat ou Procureur general de Cour ſuperieure, dix livres, cy . . . . 10.

A un Greffier en chef de Cour ſuperieure, ſix livres, cy . . . . 6.

A un Commis du Greffe en charge, à un Huiſſier

& à un Procureur de Cour superieure, trois livres, cy.   3.[l]

A un Avocat de Cour superieure, plaidant ou consultant actuellement, quatre livres, cy . . . . .   4.

Aux autres Avocats, trois livres, cy . . . . . .   3.

A un President de Presidial, ou Lieutenant general des Sieges ressortissant nuëment ès Cours, six livres, cy . . . .   6.

A un Conseiller, à un Avocat, & à un Procureur du Roy desdits Sieges, quatre livres, cy . . . . . .   4.

A un Greffier, Notaire, Procureur ou Huissier desdits Sieges, deux livres dix sols, cy . . . . . .   2. 10.[s]

A un Lieutenant, Assesseur, Avocat ou Procureur du Roy des Sieges particuliers, trois livres, cy . . .   3.

A un Greffier, Procureur ou Huissier desdits Sieges, deux livres, cy . . . .   2.

A un Juge ou Procureur fiscal de seigneurie, deux livres dix sols, cy . . . . . . : . . . . . .   2. 10.

A un Greffier, Notaire, Huissier ou Procureur desdites seigneuries, deux livres, cy . . . .   2.

A un Receveur general des finances, ou à un Tresorier d'Estats, six livres, cy . . . .   6.

A tous autres Officiers comptables, trois livres, cy.   3.

A un Medecin, Chirurgien ou Apothicaire de ville capitale, trois livres, cy . . . .   3.

A un Medecin, Chirurgien ou Apothicaire d'une autre ville, où de campagne, deux livres, cy . . .   2.

A un Marchand de ville capitale de province, ou autre où il y a jurande, deux livres dix sols, cy . .   2. 10.

A un curateur aux causes ou à des biens vacans, à un collecteur, laboureur, artisan, ou autre personne non désignée par le present tarif, une livre dix sols, cy . . . .   1. 10.

X V I.

LES voyages & sejours des femmes, seront taxez suivant la qualité de leurs maris, & ceux des enfans, suivant leur qualité perſonnelle ; pourvû néantmoins que ladite taxe n'excede pas celle qui ſeroit accordée à la partie qui les a envoyées.

X V I I.

LE voyage & ſejour de toute autre perſonne, de quelque qualité qu'elle ſoit, qui aura eſté envoyée par la partie, ne ſera taxé qu'à raiſon de deux livres dix ſols par jour, pourvû que ladite taxe n'excede pas celle qui a eſté reglée pour la partie qui l'a envoyée.

T I T R E X V I.

De la Liquidation ou de la Taxe des deſpens, & de la maniere de ſe pourvoir contre ladite Taxe.

ARTICLE PREMIER.

LA partie qui ſuccombera dans ſa demande, ſera condamnée aux deſpens, &, s'il y eſchet, aux dommages & intereſts des parties qui en auront demandé, meſme en cas de conteſtation temeraire, en telle amende qu'il appartiendra, envers Sa Majeſté & envers la partie ; laquelle amende pourra eſtre prononcée d'office, quand les parties n'y auroient pas conclu.

I I.

LES deſpens qui ſeront adjugez par les arreſts rendus par deffaut ou par forcluſion, & les frais & couſts des arreſts ſur requeſte, lorſque la condamnation en aura eſté prononcée, ſeront liquidez par leſdits arreſts ; & ce, ſur un ſimple memoire des frais faits par la partie qui obtiendra leſdits arreſts, lequel ſera ſigné de ſon avocat, & remis au ſieur Rapporteur avant ſon rapport.

I I I.

LORSQUE l'inſtance aura eſté jugée contradictoirement, & qu'une des parties aura eſté condamnée aux deſpens, ils ſeront taxez en la forme cy-après reglée, ſi ce n'eſt que le Conſeil euſt jugé à propos de les liquider, en ſtatuant ſur ladite inſtance.

I V.

L'AVOCAT qui voudra faire proceder à ladite taxe, ſera

tenu de dreſſer une declaration ou memoire, qui contiendra, par articles ſeparez, tous les frais & deſpens faits par ſa partie, pour l'inſtruction & le jugement de l'inſtance, y compris ceux de la taxe deſdits deſpens.

V.

LESDITES declarations de deſpens ſeront eſcrites en demi-groſſe ſeulement, & chaque rolle contiendra cinquante lignes, & chaque ligne douze ſyllabes.

V I.

LES qualitez, le narré du fait, & l'arreſté de la declaration, n'entreront en taxe que pour quatre rolles, & pour trois articles ſeulement; & chaque rolle du ſurplus de ladite decla-ration contiendra au moins quatre articles.

V I I.

IL ne pourra eſtre mis dans leſdites declarations de deſpens, aucun article pour les expeditions qui n'auront point eſté levées, pour droits non payez, ſi ce n'eſt que le demandeur en taxe en fuſt exempt par privilege, ni pour plus grandes ſommes que celles qui auront eſté débourſées : & ne ſera pris aucun droit pour articles rayez ou tirez à néant, leſquels ne pourront faire nombre dans le calcul.

V I I I.

IL ne pourra eſtre fait dans leſdites declarations de deſ-pens, pluſieurs articles d'une ſeule piece, ou d'une ſeule ex-pedition du Greffe ou du Sceau; mais ſeront compris en un ſeul & même article, tous les droits ſans exception, qui peu-vent concerner ladite piece ou ladite expedition, ſinon leſdits articles ſeront rayez, & il ſera deduit à l'avocat du demandeur, autant de ſes droits pour chaque article qui aura paſſé en taxe, qu'il s'en trouvera de rayez concernant la même piece, ou la même expedition du Greffe ou du Sceau.

I X.

IL ſera fait un article ſeparé pour tout le papier timbré qui aura eſté employé, tant en la production du demandeur en taxe, qu'en la declaration de deſpens, & pour la ſignification de l'arreſt & de la commiſſion.

X.

La declaration de defpens fera fignifiée à l'avocat de la partie qui y aura efté condamnée, & ne pourra ladite fignification eftre reputée valable, fi l'arreft qui a adjugé les defpens, n'a efté fignifié préalablement, ou en mefme temps, audit avocat, lequel fera tenu d'occuper fur ladite taxe.

X I.

Ledit avocat pourra prendre communication par les mains de l'avocat du demandeur en taxe, & fans déplacer, des pieces juftificatives des articles dont la declaration de defpens fera compofée, & ce, dans huitaine pour tout délay, à compter du jour de la fignification de ladite declaration, fans qu'il foit fait aucune fommation à ce fujet, finon, il ne fera plus reçû à demander ladite communication.

X I I.

Trois jours après ladite communication, il luy fera permis de faire fignifier audit avocat, par un huiffier du Confeil, des offres de la fomme qu'il voudra payer pour lefdits defpens, avec proteftation de n'eftre tenu des frais qui feroient faits au prejudice defdites offres.

X I I I.

En cas que lefdites offres foient acceptées, & que la fomme offerte n'ait pas efté payée, il fera, fur le vû de l'acte d'offres & d'acceptation d'icelles, delivré par le Greffier du Confeil, executoire de la fomme y contenuë, en la forme ordinaire, fans autre procedure ni formalité, & fans qu'il puiffe eftre fait audit cas, aucune taxe de defpens.

X I V.

En cas qu'il n'y ait point eu d'offres dans ledit délay, ou que l'avocat du demandeur en taxe ne les ait pas acceptées trois jours après qu'elles auront efté fignifiées, celuy qui voudra faire taxer les defpens, obtiendra du fieur Rapporteur de l'inftance, ou de celuy des fieurs Maiftres des Requeftes, qui, en fon abfence ou legitime empefchement, aura efté commis par Monfieur le Chancelier, une ordonnance pour faire affigner l'autre avocat, à l'effet de fe rendre chez ledit fieur Rapporteur aux jour & heure qui y feront indiquez, pour eftre lefdits defpens par luy taxez, ainfi qu'il appartiendra.

X V.

Aux jour & heure marquez par ladite ordonnance, il fera, foit en la prefence, ou en l'abfence de l'avocat affigné, procedé définitivement à la taxe defdits defpens; à l'effet de quoy, le fieur Rapporteur mettra fes arreftez à cofté de chaque article de la declaration de defpens, & le calcul fera par luy fait & figné à la fin de ladite declaration, avec fon ordonnance portant qu'il fera delivré executoire de la fomme contenuë audit calcul.

X V I.

La declaration de defpens ainfi reglée & fignée du fieur Rapporteur, fera remife au Greffier du Confeil, à l'effet d'eftre par luy expedié & delivré fur le champ, & fans autre procedure ni formalité, un executoire defdits defpens en la forme ordinaire.

X V I I.

Dans les cas où il aura efté fait des offres par le deffendeur à la taxe des defpens, & où elles n'auront pas efté acceptées par le demandeur, fi les defpens taxez, non compris les frais de la taxe, n'excedent pas lefdites offres, les frais de ladite taxe feront à la charge du demandeur feul, & ne pourront eftre compris dans l'executoire.

X V I I I.

L'avocat qui voudra obtenir la diftraction des defpens adjugez à fa partie, fera tenu de le declarer à l'avocat de l'autre partie, par un acte qui luy fera fignifié en mefme temps que la declaration de defpens; auquel cas, en remettant au fieur Maiftre des Requeftes qui en fera la taxe, ledit acte dûëment fignifié, ils pourront eftre taxez à fon profit, & l'executoire delivré en fon nom; finon, & faute de faire faire ladite fignification dans le temps cy-deffus marqué, il ne fera plus reçû à demander ladite diftraction de defpens.

X I X.

Lorsque la partie condamnée aux defpens, ou fon
avocat,

avocat, feront décedez, & que le decès de ladite partie aura
efté dénoncé avant la taxe d'iceux, celuy qui voudra y faire
proceder, fera tenu de prendre une commiſſion ou un arreſt,
pour faire aſſigner au Conſeil ladite partie ou ſes héritiers, à
l'effet de conſtituer avocat, pour voir proceder à ladite taxe.

X X.

Si la partie ainſi aſſignée conſtituë avocat, il fera procedé
à ladite taxe, en la forme cy-deſſus preſcrite; ſinon, huitaine
après l'expiration des délais de l'aſſignation, il fera, ſur la
requiſition de l'avocat du demandeur, paſſé outre à la taxe
des deſpens, ſur le ſimple certificat qui aura efté delivré par
le Greffier du Conſeil, portant qu'il ne s'eſt preſenté aucun
avocat ſur ladite aſſignation, ſans autre procedure ni formalité.

X X I.

En cas de décès ou d'abſence, ou autre empeſchement
legitime du ſieur Rapporteur de l'inſtance jugée, il ne pourra
eſtre procedé à la taxe des deſpens, que par celuy des ſieurs
Maiſtres des Requeſtes qui luy aura efté ſubrogé en la maniere
accouſtumée.

X X I I.

La liquidation des deſpens fera faite conformement & ſur
le pied reglé par le tarif ſuivant, ſçavoir:

Pour le vin de meſſager, dans toutes les inſtances ſans
exception, lorſque le délay pour ſe preſenter au
Conſeil, fera de quinzaine, cinq livres, cy . . .   5.ˡ

Lorſqu'il fera d'un mois, ou plus, dix livres, cy . 10.

Lorſqu'il fera de deux mois, ou plus, quinze
livres, cy . . . . 15.

Pour les lettres du Sceau, introductives d'inſtances, de quelque nature qu'elles ſoient, non
compris les droits du Sceau, ſept livres dix ſols,
cy 7. 10.ſ

Pour l'exploit d'aſſignation à domicile, ou
pour la ſignification à domicile, d'un arreſt intro-
ductif d'inſtance, ſauf à augmenter ledit droit

L

de vingt fols par lieuë, quand l'huiſſier aura eſté obligé de ſe tranſporter hors du lieu de ſa reſidence, une livre dix fols, cy 1.ˡ 10.ſ

Pour le droit de conſultation dans les affaires jugées par arreſt ſur requeſte, cinq livres, cy . . 5.

Pour ledit droit dans toutes les autres affaires ſans exception, dix livres, cy . . . . 10.

Pour le droit de preſentation, ſix livres, cy . . 6.

Pour l'acte de preſentation, non compris le droit du greffe pour l'enregiſtrement dudit acte, quinze fols, cy . . . . 15.

Pour une cedule de deffaut, non compris le droit de l'expedition du Greffe, une livre dix fols, cy . . . . 1. 10.

Pour une requeſte pour faire commettre ou ſubroger un Rapporteur ou des Commiſſaires, non compris le droit d'enregiſtrement de ladite requeſte au Greffe, une livre dix fols, cy . . . 1. 10.

Pour la copie de ladite requeſte, ſept fols ſix deniers, cy 7. 6.ᵈ

Pour toutes les requeſtes preſentées au Conſeil ſans diſtinction, meſme pour les requeſtes en vû d'arreſt, par chaque rolle, deux livres, cy . . . 2.

Pour le mis au net de chaque rolle des requeſtes au Conſeil, dix fols, cy . . . . 10.

Pour la copie deſdites requeſtes, par chaque rolle, cinq fols, cy . . . . 5.

Pour les memoires imprimez, y compris les frais de l'impreſſion, par chaque feuille, trente-ſix livres, cy . . . . 36.

Pour la comparution d'un avocat à un procès-verbal d'interrogatoire, d'enqueſte, de collation de pieces, & autres qui peuvent eſtre faits dans le cours d'une inſtance, trois livres, cy . . . . 3.

Pour le clerc du ſieur Rapporteur, lorſque

ledit procès-verbal n'excedera pas fix rolles, trois
livres, cy 3.ˡ
Et lorſqu'il excedera fix rolles, par chaque rolle,
dix fols, cy 10.ˡ
Pour les copies dudit procès-verbal, le quart
deſdits droits de l'expedition d'iceluy feulement.
Pour la copie d'un arreſt fignifié aux avocats
dans l'inſtance, par chaque rolle de l'expedition
dudit arreſt, dix fols, cy . . . .   10.
Pour ladite copie, quand l'arreſt a eſté fignifié
à domicile, par chaque rolle de l'expedition,
deux fols fix deniers, cy 2. 6.ᵈ
Pour chaque acte de fommation, proteſtation,
ou autres,fignifiez pendant le cours d'une inſtance,
pour l'avocat, quinze fols, cy . . . .   15.
Pour chaque fignification de requeſte ou d'arreſt, pendant le cours d'une inſtance,une livre, cy   1.
Pour chaque fignification des autres actes,
dix fols, cy . . . .   10.
Pour la communication de productions ou
d'une inſtance, trois livres, cy . . . .   3.
Pour le retrait du Greffe des productions de
l'inſtance après le jugement d'icelle, trois livres,
cy . . . .   3.
Pour les droits du clerc du fieur Rapporteur,
ſçavoir :
Pour l'entrée des productions de chaque partie, trois livres, cy . . . .   3.
Pour chaque communication deſdites productions ou de l'inſtance, trois livres, cy . . . .   3.
Pour le vû d'un arreſt fur requeſte ou par
deffaut, trois livres, cy . . . .   3.
Pour le vû d'un arreſt par forcluſion, fix livres, cy   6.
Pour le vû d'un arreſt contradictoire, douze
livres, cy 12.ˡ

Pour la remise au Greffe des productions de chaque partie après le jugement de l'instance, trois livres, cy 3.ˡ

Pour la declaration de despens au clerc de l'avocat, par chaque rolle, dix sols, cy 10.ˢ

Pour la copie de ladite declaration, par chaque rolle, cinq sols, cy . . . .   5.

Pour chaque article passé, les articles accolez n'estant comptez que pour un seul article, à l'avocat au Conseil, pour les avoir dressez, cinq sols, cy .   5.

Pour la vacation du sieur Rapporteur, ce qu'il luy plaira taxer, selon la qualité de l'affaire.

Pour le droit d'assistance des avocats, les deux tiers de la vacation dudit sieur Rapporteur.

En cas qu'il y ait plusieurs parties condamnées aux despens, il ne sera taxé de droit d'assistance à chaque avocat, que pour les articles qui concerneront sa partie en particulier.

Pour le droit d'assistance & de calcul au clerc du sieur Rapporteur, par chacun desdits articles passez en taxe, deux sols six deniers, cy 2. 6.ᵈ

Pour l'executoire, ce qui sera payé pour les droits du Greffe & du Sceau.

Pour le premier commandement, une livre dix sols, cy . . . .   1. 10.

Sauf à augmenter ledit droit de vingt sols par lieuë, quand il sera necessaire de faire transporter un huissier hors du lieu de sa residence.

XXIII.

Si pendant le cours d'une instance, il survient quelque nouvelle demande introduite par lettres ou arrests, il pourra estre taxé un second vin de messager pareil au premier, sans qu'il puisse en estre taxé plus de deux dans une mesme instance.

XXIV.

Les requestes en vû d'arrest seront taxées eu égard au

nombre des rolles de l'expedition des arrests intervenus fur icelles.

X X V.

Il ne fera taxé en une mefme inftance, qu'un feul droit de prefentation au profit du mefme avocat; & n'en fera dû aucun pour les affaires jugées par arreft fur requefte.

X X V I.

Il ne pourra eftre taxé deux differens droits pour une mefme fignification, encore qu'elle contienne fommation ou proteftation.

X X V I I.

Les droits du Greffe feront taxez fuivant le tarif qui fera arrefté par Sa Majefté, de l'avis des fieurs Commiffaires à ce députez par arreft de ce jour, & en attendant la publication dudit tarif, fuivant ce qui a efté obfervé jufques icy pour la taxe defdits droits, & ce, par forme de provifion feulement.

X X V I I I.

Les droits du Sceau feront pareillement taxez fuivant les tarifs qui ont efté cy-devant authorifez, ou qui le feront dans la fuite par Sa Majefté.

X X I X.

Les avocats au Confeil ne pourront employer dans les declarations de defpens, ni dans les memoires de frais, les voyages qu'ils auront faits pour leurs parties à la fuite du Confeil, & s'ils y eftoient employez, ils feront rayez.

X X X.

Les frais qui auroient efté faits pour des procedures con-traires au prefent reglement, ne pourront eftre employez dans les declarations de defpens, fi ce n'eft de la part de celuy qui auroit fait declarer lefdites procedures nulles, & les avocats qui les auroient faites ne pourront, en aucun cas, en repeter les frais, mefme contre leurs parties, à peine de reftitution du double des fommes qu'ils en auroient exigées; & en cas de contravention, lefdites parties pourront en porter leurs plaintes aux doyen & fyndics defdits avocats, mefme fe retirer pardevers Monſieur le Chancelier, pour y eſtre pourvû ainſi qu'il appartiendra.

X X X I.

ET à l'égard des procedures qui ſeront conformes au preſent reglement, deffenſes très-expreſſes ſont faites auxdits avocats, d'exiger de leurs parties d'autres ni plus grands droits que ceux qui ſont reglez par le tarif cy-deſſus, ni plus grandes ſommes que celles qui ſeront portées par les arreſts, pour les frais & deſpens qui y auront eſté liquidez, ou celles qui auront eſté taxées par le ſieur Rapporteur; le tout ſous telles peines qu'il appartiendra, ſuivant l'exigence des cas.

X X X I I.

TOUTE action en payement de frais, honoraires & deſbourſez faits par les avocats au Conſeil, demeurera preſcrite par le temps & eſpace de cinq années, à compter du jour de la revocation deſdits avocats, ou du décès de la partie, ou du jour du jugement de l'inſtance.

X X X I I I.

LES clercs des ſieurs Rapporteurs ne pourront exiger d'autres ni plus grands droits que ceux qui ſont compris dans le tarif cy-deſſus, à peine de reſtitution du quadruple, ou autres qu'il appartiendra.

X X X I V.

LA taxe des deſpens, ſoit qu'elle ait eſté faite contradictoirement, ou que l'avocat du deffendeur n'y ait pas aſſiſté, ne pourra eſtre attaquée par oppoſition ni par appel; & ſera ſeulement permis à la partie qui prétendra avoir eſté leſée par ladite taxe, d'en demander la reviſion, à l'effet de quoy elle pourra preſenter ſa requeſte au Conſeil, tendante à ce qu'il plaiſe à Sa Majeſté commettre tel des ſieurs Maiſtres des Requeſtes qu'il luy plaira, pour examiner ladite taxe & la reformer, s'il y eſchet.

X X X V.

LES articles dont la reformation ſera demandée, & les moyens ſur leſquels elle ſera fondée, ſeront énoncez ſommairement dans ladite requeſte, laquelle ſera ſignée d'un avocat au Conſeil, & la ſignification qui en ſera faite, contiendra élection de domicile en la perſonne dudit avocat, le tout à peine de nullité.

X X X V I.

Le demandeur en reviſion de taxe remettra ſa requeſte à l'un des ſieurs Maiſtres des Requeſtes, pour eſtre, à ſon rapport, rendu arreſt, qui commettra tel nombre des ſieurs Maiſtres des Requeſtes eſtant en quartier aux Requeſtes de l'Hoſtel, qu'il ſera jugé à propos, ſelon la nature de l'affaire, à l'effet de revoir ladite taxe, & de ſtatuer définitivement & en dernier reſſort, comme Commiſſaires du Conſeil, ſur la demande en reformation d'icelle.

X X X V I I.

Ledit arreſt ſera obtenu & ſignifié dans trois mois au pluſtard, à compter du jour de la ſignification de l'executoire de deſpens, ſinon la demande en reviſion de taxe ne pourra eſtre reçûë, ſous quelque pretexte que ce puiſſe eſtre.

X X X V I I I.

La ſignification dudit arreſt ſera faite à l'avocat qui aura occupé dans l'inſtance pour la partie qui aura fait taxer les deſpens, lequel ſera tenu pareillement d'occuper ſur la reviſion, ſans qu'il ait beſoin de nouveau pouvoir.

X X X I X.

En cas que ledit avocat ſoit décedé lors de l'obtention dudit arreſt, il ſera ſignifié à la partie meſme, à ſon domicile, avec ſommation de conſtituer un nouvel avocat dans les délais preſcrits au Titre I. de la ſeconde partie du preſent reglement; & faute d'y ſatisfaire dans leſdits délais, il ſera ſtatué ſur la demande en reviſion de taxe, en la forme cy-après preſcrite, & le jugement qui interviendra, ne pourra eſtre attaqué par aucune autre voye que celle de la demande en caſſation.

X L.

Il ne pourra eſtre accordé par ledit arreſt, aucune ſurſéance à l'executoire de deſpens, ſous prétexte de la demande en révifion, qu'à la charge de configner par le demandeur, la moitié, au moins, des fommes, auxquelles monteront les articles conteftez; & fauf au deffendeur à ladite révifion, à continuer fes pourfuites ainfi qu'il avifera bon eftre, pour raifon des articles non conteftez.

XLI.

L'Avocat qui voudra pourfuivre le jugement de ladite demande, fera tenu de retirer du Greffe la declaration de defpens, & de la remettre entre les mains du dernier des fieurs Commiffaires nommez, pour ftatuer fur ladite révifion de taxe.

XLII.

L'Avocat du deffendeur à ladite révifion, fera tenu de remettre audit fieur Commiffaire les pieces juftificatives des articles conteftez, auxquelles il pourra joindre une feule requefte, qui n'entrera en taxe que pour dix rolles.

XLIII.

Ladite requefte fera refponduë par ledit fieur Commiffaire, & fignifiée à l'avocat du demandeur, dans quinzaine pour tout delay, à compter du jour de la fignification de l'arreft mentionné dans l'article XXXVI. cy-deffus, ou du jour que l'avocat dudit deffendeur fe fera conftitué dans le cas de l'article XXXIX. fans qu'il puiffe eftre fait aucune autre requefte, efcritures ou procedures au fujet de ladite demande, à peine de nullité.

XLIV.

L'Avocat qui voudra pourfuivre le jugement de ladite révifion, prendra une ordonnance dudit fieur Commiffaire, pour faire affigner l'avocat de l'autre partie, à l'effet de fe rendre aux Requeftes de l'Hoftel devant lefdits fieurs Commiffaires, aux jour & heure qui auront efté indiquez par ladite ordonnance, pour y déduire fommairement fes moyens.

XLV.

Faute par l'avocat du deffendeur de fatisfaire à ce qui eft porté par les articles XLI. XLII. & XLIII. cy-deffus, ou

faute

faute par l'un des avocats des parties, de se rendre à l'assemblée des sieurs Commissaires, aux jour & heure qui leur auront esté indiquez, il sera statué définitivement par lesdits sieurs
Commissaires sur la demande en révision de taxe, sur ce qui
leur aura esté remis, sans qu'il puisse estre accordé aucun délay au deffaillant; & leur jugement ne pourra estre attaqué
par aucune autre voye que celle de la demande en cassation.

X L V I.

LEDIT jugement contiendra la liquidation des despens
faits au sujet de la contestation, & le demandeur qui succom-
bera dans tous les articles dont il aura demandé la révision,
sera condamné en cent livres d'amende, moitié envers Sa
Majesté, & moitié envers la partie; mesme, s'il y eschet, en
tels dommages & interests qu'il appartiendra, envers ladite
partie.

T I T R E   X V I I.

De la discipline qui doit estre observée par les Avocats au Conseil.

A R T I C L E   P R E M I E R.

AUCUN ne pourra estre pourvû d'un office d'avocat aux
Conseils du Roy, s'il n'a esté reçû avocat en Parlement.

I I.

LES secretaires, clercs, ou commis de ceux qui ont entrée,
séance & voix déliberative au Conseil, ne pourront estre
pourvûs d'offices d'avocats au Conseil, tant qu'ils demeureront
en cet estat : Et à l'égard des clercs des avocats au Conseil,
ils ne pourront pareillement estre pourvûs desdits offices, si
après avoir cessé d'estre clercs, ils n'ont frequenté le barreau
pendant deux ans au moins, en qualité d'avocats au Parlement,
dont ils seront tenus de rapporter des preuves en bonne forme.

I I I.

APRÈS que celuy qui poursuivra sa reception en l'office

d'avocat au Conseil, aura esté agréé par Monsieur le Chancelier, & en aura obtenu le *soit montré* aux doyen & syndics desdits avocats, il se presentera à l'assemblée desdits avocats, & s'ils trouvent qu'il ait les qualitez requises, ils en rendront compte à Monsieur le Chancelier, & en consequence, il sera fait information de ses vie & mœurs, & religion, par un des sieurs Maistres des Requestes qui sera commis à cet effet.

I V.

DEFFENSES sont faites aux clercs, solliciteurs, & à tous autres qu'aux avocats au Conseil, de signer aucuns actes de procedure, soit d'instruction ou autres, ni mesme de les cotter du nom desdits avocats, à peine de faux: & ne pourront lesdits avocats leur prester leur ministere directement ou indirectement, ni signer pour eux aucunes escritures ou expeditions, à peine d'interdiction pour la premiere fois, & de privation de leurs charges pour la seconde.

V.

NE pourront pareillement lesdits avocats occuper pour leurs confreres, ou leur prester leur nom, directement ou indirectement, en quelques affaires que ce puisse estre, quand mesme ce seroit pour des parties qui n'auroient pas des interests opposez; & ce, sous telle peine qu'il appartiendra, sauf aux parties qui auroient un mesme interest, à constituer le mesme avocat.

V I.

AUCUN avocat au Conseil ne pourra faire fonction de secretaire, clerc, ou commis de ceux qui ont entrée, séance & voix déliberative au Conseil, ni pareillement d'intendant ou agent de quelque personne que ce puisse estre; ce qui sera observé, à peine de destitution de son office: à l'effet de quoy les doyen & syndics desdits avocats seront tenus de se retirer pardevers Monsieur le Chancelier, pour y estre par luy pourvû.

V I I.

LES avocats au Conseil tiendront une fois la semaine une

affemblée, compofée des doyen, fyndics, greffier, & de ceux d'entre eux qui feront députez par chacun mois; à laquelle affemblée les autres avocats pourront fe trouver, fi bon leur femble.

V I I I.

Les députez feront tenus, dans le mois de leur députation, & les avocats nouvellement reçûs, dans les trois premieres années de leur reception, de fe trouver à toutes lefdites affemblées, à peine de trois livres d'aumofne pour chaque contravention, s'ils n'en font excufez par les fyndics, pour caufes juftes & legitimes.

I X.

Dans lefdites affemblées feront examinées les plaintes touchant la difcipline defdits avocats, l'irrégularité des procedures, & en general l'inobfervation des reglemens, notamment en ce qui concerne les termes injurieux dont aucuns defdits avocats fe plaindront contre leurs confreres; fur quoy l'affemblée pourra mulcter les contrevenans de telle aumofne qui fera jugée convenable, jufqu'à la fomme de cent livres, applicable à l'hofpital general.

X.

Ne pourra néantmoins ladite affemblée prendre connoiffance de la revocation qui auroit efté faite d'un avocat par fa partie, & l'avocat que ladite partie aura conftitué à la place du premier, ne pourra fe difpenfer d'occuper pour elle, fous prétexte de vouloir y eftre authorifé par l'avis de ladite affemblée, pardevant laquelle, ou pardevant lefdits fyndics en charge, les parties ou leurs avocats ne pourront eftre obligez de fe pourvoir au fujet de ladite revocation.

X I.

Les déliberations qui auront efté prifes dans lefdites affemblées, ne pourront eftre attaquées par oppofition ni par appel, fauf à ceux qui auront à s'en plaindre, à fe retirer pardevers Monfieur le Chancelier, pour y eftre pourvû ainfi qu'il appartiendra.

X I I.

LES doyen & syndics defdits avocats feront tenus de remettre tous les mois à Monfieur le Chancelier, un extrait des deliberations prifes en ladite affemblée fur tous les points contenus en l'article IX. cy-deffus, concernant la difcipline des avocats aux Confeils.

LE prefent reglement fera ponctuellement obfervé dans toutes les affaires, fans exception, à commencer au quinzieme juillet prochain, & ce, nonobftant tous reglemens precedemment faits fur la procedure du Confeil, qui demeureront entierement abrogez, comme auffi nonobftant tous ufages à ce contraires. Sera néantmoins permis aux avocats au Confeil, de continuer leurs procedures conformement aux reglemens & ufages cy-devant obfervez pour l'inftruction des affaires reglées par appointement avant ledit jour, & pareillement pour celle des inftances de requeftes refpectives formées avant le mefme jour; à l'exception toutesfois de ce qui concerne les nouveaux incidens, la communication des inftances, & la forme de proceder à la liquidation & taxe des defpens, ou de fe pourvoir contre ladite taxe; pour raifon de quoy lefdits avocats feront tenus, mefme dans lefdites affaires commencées, de fe conformer exactement aux difpofitions du prefent reglement. FAIT & arrefté au Confeil d'Eftat du Roy, Sa Majefté y eftant, tenu à Verfailles le vingt-huitieme jour de juin mil fept cens trente-huit. *Signé* PHELYPEAUX.